rowohlt

Mechthild Schäfer
Gabriela Herpell

Du Opfer!

Wenn Kinder Kinder fertigmachen

Der Mobbingreport

Rowohlt

1. Auflage Juli 2010

Lektorat Bernd Gottwald
Satz aus der Plantin PostScript
bei hanseatenSatz-bremen, Bremen
Druck und Bindung CPI – Clausen & Bosse, Leck
Printed in Germany
ISBN 978 3 498 03006 3

Inhalt

Vorwort

Mobbing hier, Mobbing da, Mobbing überall: Mobbing ist längst zum Modewort geworden. Jeden Tag lässt sich in deutschen Tageszeitungen Aktuelles zum Thema nachlesen, und nicht nur die Fakten und Geschichten, sondern auch die zahlreichen Projekte gegen Mobbing werden Grundlage vieler Beiträge. Im «Tatort» wird gemobbt, in Talkshows wird darüber diskutiert, und Bücher gibt es auch.

Warum also ein weiteres Buch?

Weil Mobbing an Schulen ein aktuelles, akutes Problem ist und – trotz der vielen Beiträge – immer noch nicht genügend beachtet und adäquat behandelt wird. Es herrschen immer noch so viele Missverständnisse vor. Wenn man über Mobbing spricht, erinnern sich alle, auf die eine oder andere Art während der Schulzeit damit zu tun gehabt zu haben: Man war selbst dabei, hat etwas mitbekommen – oder war Opfer.

Früher gab es für das Hänseln und Quälen eines Schülers nicht den einen, den treffenden Begriff. Man sprach von Psychoterror, von Gemeinheit, von Bösartigkeit und Aggression. Der Verhaltensforscher Konrad Lorenz prägte den Begriff «to mob» 1963 für Gruppenangriffe von Tieren auf einen Fressfeind oder einen überlegenen Gegner: von Gänsen, beispielsweise, auf einen Fuchs.

Unter Menschen läuft das allerdings anders. Der Mechanismus bleibt derselbe – alle oder viele gegen einen. Aber die Machtverhältnisse sind verkehrt: Hier wenden sich die Stärkeren gegen einen Schwächeren. Anders als bei Lorenz' Gänsen geht es bei Mobbing unter Menschen also nicht um Verteidigung (gegen den natürlichen Feind), sondern um Dominanz und Macht in der Gruppe. Mobbing ist funktionales Verhalten zur Stärkung oder Aufrechterhaltung von sozialen Positionen. Und so tritt es vor allem da auf, wo Gruppen starr sind, wo das Ausweichen also schwierig ist. Schulen eignen sich perfekt dafür, und Heranwachsende natürlich auch. Sie wissen noch nicht sicher, wo genau sie stehen. Sie orientieren sich.

Hinzu kommt, dass die Stimmung an unseren Schulen heute unsere Leistungs- und Wettbewerbsgesellschaft spiegelt: Dort werden keine Teamplayer erzogen, sondern Konkurrenten ausgebildet. In einem solchen Klima lasse sich kaum lernen, sagt beispielsweise der bekannte Kinderarzt Dr. Remo Largo, Macht hingegen lasse sich hervorragend missbrauchen. Und Mobbing ist, per definitionem, der Missbrauch von sozialer Macht auf der Basis wiederholter Attacken gegen Schwächere.

Mobbing wird gerne bagatellisiert. Auch an Schulen. Es ist ein ungeliebtes Thema, gerade weil es so sehr Thema ist. Und besonders dann, wenn ein Begriff plötzlich in aller Munde ist, liegen unklare Definitionen nahe. Aber sie sind gefährlich.

Denn Mobbing hat verheerende und auch langfristige Auswirkungen auf die Opfer, die dringend des Schutzes bedürfen, weil sie sich aus der Situation nicht allein befreien können. Natürlich: Nicht jeder, der sich schlecht behandelt fühlt, wird gemobbt. Wer aber gemobbt wird – und das sind in Deutschland in etwa 500 000 Schüler –, hat ein Anrecht auf schnelle

Hilfe. Nur mit einer eindeutigen Definition, also mit dem Ein- und Abgrenzen eines Phänomens, kann man wissenschaftlich eine Diagnose garantieren, nach den Ursachen forschen – und von da aus aktiv werden: vorbeugen und helfen.

Weil die Mobbing-Forschung ebenso jung ist wie der Begriff, hat sich an ihren Erkenntnissen gerade in den letzten 15 Jahren vieles verändert. Das Anliegen dieses Buches ist es, den Leser mit den aktuellen Kenntnissen vertraut zu machen, ihn auf den neuesten Stand zu bringen, die vielen Missverständnisse auszuräumen. Es richtet sich an all die Menschen, die von Mobbing betroffen sein können, also an Kinder, Eltern und Lehrer, und möchte ihnen vermitteln, wie alltäglich einerseits und wie bedrohlich andererseits Mobbing an Schulen ist.

Und: Mobbing kann erkannt werden. Mobbing kann sogar sehr früh und an kleinsten Kleinigkeiten erkannt werden. Je früher man in das Mobbing-System eingreift, desto größer sind die Chancen, die Opfer vor größerem Schaden zu bewahren. Und nicht nur die Opfer, sondern auch die Täter, die im erfolgreichen Einsatz aggressiver Strategien durch Erfolg belohnt und verstärkt werden. Und schließlich auch die Mitschüler, die sonst lernen, dass es wohl in Ordnung sein muss, Schwächere zu degradieren, um selbst gut dazustehen.

Das Buch hat zwei Stränge, die miteinander verwoben sind. Um deutlich zu machen, wie vernichtend Mobbing sein kann und wie unfassbar es ist, dass Kinder ein Schulleben lang Opfer sind, erzählen wir die Geschichten von zwei Kindern: Katharina und Maximilian. Katharina ist inzwischen Studentin, Maximilian besucht die sechste Klasse einer Realschule. Die Namen, die Orte und alle Fakten, anhand deren man sie identifizieren könnte, sind weggelassen worden – damit die beiden nicht noch größeren Schaden nehmen als jetzt schon geschehen. Beide haben uns ihre Geschichten ausführlich erzählt. Beide waren Opfer von Mobbing, und deshalb sind ihre Geschichten nicht lustig oder aufmunternd, sondern traurig, erschütternd und fast zu schlimm, um wahr zu sein. Aber sie sind wahr. Und wir erzählen sie, damit andere Kinder vielleicht gar nicht erst selbst erleben müssen, wie sich Mobbing anfühlt und wie solche Geschichten weitergehen. Passieren kann das nämlich jedem.

Die Geschichten von Katharina und Maximilian werden von Sachkapiteln unterbrochen, in denen wir über das berichten, was man inzwischen zu Mobbing weiß. Theoretisches Wissen ist dabei nichts anderes als ein erprobter Wegweiser. Es erlaubt Vorhersagen darüber, wo man ankommt, wenn man einen bestimmten Weg einschlägt. Es darf deshalb nicht mit Meinung verwechselt werden.

Wir haben die Arbeit vieler engagierter Wissenschaftler zusammengetragen, die alle ein Ziel verbindet: möglichst genau zu erklären, wie Mobbing abläuft. Daraus lassen sich dann Schlussfolgerungen ableiten, was man tun kann, um effizient gegen Mobbing vorzugehen. Und auch, was man besser unterlassen sollte.

Weil auf so viele verschiedene Arten gemobbt wird – an Grundschulen ganz anders als an weiterführenden Schulen; Jungs hauen drauf und Mädchen streuen Gerüchte; manche Kinder sind nur für kurze Zeit einmal Opfer, andere sind es ein Schulleben lang –, tauchen in den Buchteilen, die sich mit der Mobbing-Forschung befassen, viele solcher Beispiele als kurze Illustration theoretischen Wissens auf. Alle diese Beispiele sind ebenfalls real, aber die Namen der Protagonisten sind auch hier verändert worden, weil sie Kinder sind und schützenswert.

1 Mobbing in der Schule: kein bisschen normal

Wie alles anfängt

Endlich Abitur

Ein Dorf in den Alpen im Süden Deutschlands. Es ist Mai, die Obstbäume blühen, Frühling liegt voller Verheißung in der Luft. Zur Feier ihres Abiturs laufen die Schüler des Gymnasiums einzeln, wie die Stars bei der «Oscar»-Verleihung, über einen langen roten Teppich Richtung Bühne. Dazu wird für jeden das Lied gespielt, das er sich gewünscht hat. Da kommt «Schön ist es, auf der Welt zu sein», dann AC / DC, Seeed, «Feel» von Robbie Williams. Bei jedem, der den Teppich betritt, jubeln, klatschen und pfeifen die anderen Schüler begeistert. Die Stimmung ist super.

Als Katharina an die Reihe kommt, erklingt das instrumentale «Stroll through the Sky» aus dem Zeichentrickfilm «Das wandelnde Schloss», ein etwas wehmütig klingender, japanisch anmutender Walzer. Dazu: kein Applaus, kein Jubel, kein Gejohle. Ganz leise im großen Saal: das Klatschen vom Tisch der Familie.

Auf der Bühne umarmen sich die Mädchen und Jungs und klopfen sich auf die Schultern, glücklich, es endlich geschafft zu haben. Nur Katharina steht verloren herum, weil sie niemanden zum Umarmen hat. «Schau dir das an, keiner, der da mal über seinen Schatten springt, nicht einmal am letzten Tag», sagt Katharinas Mutter zu ihrem Mann.

Katharina hat «Stroll through the Sky» heute noch als Klingelton auf ihrem Handy, und jedes Mal, wenn sie die Musik hört, sagt ihre Mutter, muss sie fast heulen, weil sie an die Abiturfeier denken muss. Katharina hat das Ganze zum Glück nicht so mitgenommen, meint ihre Mutter, weil sie so aufgeregt war. Und weil die Familie, Mama, Papa, die beiden Schwestern, sich so für sie gefreut haben.

Für Katharina selbst waren die Ereignisse auf der Feier tatsächlich nicht so tragisch. Sie hatte längst keine Erwartungen mehr an ihre Mitschüler, und wer keine Erwartungen hat, kann auch nicht enttäuscht werden. Das gute Gefühl, das Abitur endlich in der Tasche und mit der Schule abgeschlossen zu haben, konnten die anderen ihr trotz alledem nicht mehr nehmen. Wahrscheinlich wäre es ihr sogar komisch vorgekommen, wenn jemand zu ihr nett gewesen wäre auf der Abschlussfeier.

Katharina ist während ihrer ganzen Schulzeit von anderen Schülern fertiggemacht worden. Auf der Grundschule fing es an, und es hörte nicht mehr auf, bis sie die Schule nach der 13. Klasse verließ. Dabei war Katharina kein auffälliges Kind gewesen. Das Einzige, was ihre Mutter manchmal seltsam fand, war, dass Katharina als Dreijährige im Sandkasten andere Kinder fragte, ob sie mitspielen dürfe. Das war eigentlich sehr höflich, aber ungewöhnlich, denn die anderen Kinder in dem Alter setzten sich einfach dazu, packten ihre Schaufeln aus und buddelten drauflos. Und manchmal kam es dann tatsächlich so, dass eins der anderen Kinder auf ihre Frage hin frech sagte: Nein. Da war Katharina jedes Mal sehr betroffen und auch ein bisschen überrascht. Aber mitgebuddelt hat sie dann nicht mehr.

Ansonsten benahm sich Katharina wie die meisten Mädchen: Sie zog gern hübsche Kleider und glänzende Schuhe an; sie war viel allein draußen unterwegs, denn sie wohnte mit ihren Eltern etwas außerhalb des Dorfs in der Natur, und es gab damals keine anderen Kinder in der Siedlung; sie konnte mit drei Jahren schon Ski fahren, wie alle Kinder in den Bergen; im Kindergarten hatte sie viele Freunde und Freundinnen. So beliebt war sie, dass die anderen sich darum stritten, wer mit ihr in der Zweierreihe Hand in Hand gehen durfte.

Als sie in die Schule kam, wünschte sie sich, mit ihrer besten Freundin Annette in eine Klasse zu kommen. Annette und Katharina waren zuletzt im Kindergarten unzertrennlich gewesen, obwohl Annette auch noch ziemlich gut mit Melina befreundet war, mit der Katharina nicht so viel anfangen konnte. Doch dann kam nur Melina mit Annette in eine Klasse und sie nicht. Annette und Melina waren katholisch, während Katharina zu den wenigen Protestanten im Ort gehörte, und so musste Katharina eifersüchtig mit ansehen, wie Melina und Annette in eine katholische Klasse eingeteilt wurden und sie mit den acht anderen evangelischen Kindern in eine andere. Natürlich waren von da an Annette und Melina beste Freundinnen.

Das war die erste Enttäuschung, die Katharina in der Schule erlebte, aber dabei sollte es nicht bleiben.

Sitzengeblieben

Eines Morgens im Dezember, es war nicht mehr lange bis Weihnachten, sagte Maximilian zu seinen Eltern: «Ich kann nicht mehr. Es wäre besser, wenn ich nicht existieren würde.»

Die Eltern wussten, dass es um die Schule ging. Das Thema bestimmte das Familienleben, seit Maximilian eingeschult war. Fast jeden Morgen Kampf: Maximilian wollte nicht in die Schule, die Mutter wusste nicht, ob sie ihn zwingen sollte, der Vater wollte ihn zwingen, die zwei älteren Schwestern waren genervt, weil sich alles ständig um Maximilian und die Schule drehte. Maximilian flippte aus, wurde aggressiv, auch gegen die Schwestern. Dann wieder sah er, dass die Eltern sich häufig wegen seiner Probleme stritten und dass es in der Familie deshalb manchmal drunter und drüber ging. So fühlte er sich schrecklich schuldig.

Wenn Maximilians Mutter ihn morgens wecken wollte, konnte es ihr passieren, dass an seiner Tür ein Blatt mit einem Totenkopf hing, darunter stand: «Weckt mich nicht.» Wenn sie sein Zimmer betrat, musste sie Angst haben, dass seine aus Legosteinen gebaute Selbstschussanlage losging. Schon seit Wochen brachte sie ihren Sohn jeden Morgen in die Schule, weil sie Angst hatte, er könnte sich etwas antun, wenn sie ihn allein losschickte. Die Eltern waren so hilflos, dass sie darüber nachdachten, Maximilian in eine psychosomatische Klinik zu schicken.

Maximilian ist, wie Katharina, von seinen Mitschülern gemobbt worden, seit er in die erste Klasse der Grundschule ging. Im Sommer ist Maximilian sitzengeblieben. Eine Fünf in Mathe und eine Fünf in Textillehre. Nun wiederholt er die fünfte Klasse der Realschule, obwohl seine Eltern und auch seine Lehrer glauben, dass Maximilian eigentlich zu intelligent ist, um die fünfte Klasse der Realschule nicht zu schaffen. Aber Maximilian fehlt ständig und macht keine Hausaufgaben. Er verhält sich ungehorsam und unkooperativ, meint die Textillehrerin. Maximilian findet, dass Textil ein überflüssiges Fach ist. Außerdem hält er sich nicht für besonders begabt im Sticken und im Häkeln. Eine Fünf in Textillehre ist aber natürlich auch dann unnötig, wenn man kein außerordentliches Handarbeitstalent hat. «Maximilian hat keine Arbeitshaltung entwickelt und entzieht sich der Schule, wo er kann», sagt sein ehemaliger Klassenlehrer.

«Es hat viel Ärger gegeben, gerade in Textil», sagt Maximilian. Der Unterricht findet in einem kleinen Raum im Dachgeschoss statt, und die Kinder scheinen der Lehrerin ständig aus dem Ruder zu laufen. Mitten in den Unterricht hinein hat einer zu Maximilian, dessen Vater bei der Kriminalpolizei ist, «Scheißbullensohn» gesagt. Ein anderer dann: «Hurensohn». Die Lehrerin tat so, als hätte sie nichts gehört. Erst als Maximilian zurückschrie: «Selber Hurensohn», reagierte sie.

Wenn die anderen ihn mit Sticknadeln gepikst oder ihm das Pult vor die Brust gehauen haben, hat die Lehrerin auch so getan, als hätte sie nichts gesehen. Wenn Maximilian sich dann gewehrt hat, wenn er auch nur etwas gerufen hat wie: «Ihr Idioten, lasst mich in Ruhe», hat sie das wiederum wahrgenommen und Maximilian entweder bestraft oder ihm eine schlechte Note gegeben. Das fand Maximilian so ungerecht, dass er die Lehrerin angeschrien hat, bis die ausgeflippt ist, ihn aus dem Klassenzimmer geworfen und sich beim Direktor über ihn beschwert hat.

Maximilians Toleranzschwelle, was Ungerechtigkeiten betrifft, ist mittlerweile ganz niedrig, und Schule findet er nur noch blöd. Wenn man ihn fragt, wie es ihm geht, sagt der Elfjährige, mittlerweile ein kleiner Zyniker: «Nicht so prickelnd.» Immer wieder fragt er sich: «Warum ich?» Es war ihm nie egal, was die anderen von ihm dachten. Aber heute hat er sich einen Panzer zugelegt, und nun ist er es, der den anderen keine Chance mehr gibt. Er sagt, bockig und verstockt, Dinge wie: «Reden bringt bei denen nichts.» Oder: «Die sind doch alle viel zu dumm.»

Zwei unterschiedliche Opfer

Katharina und Maximilian haben die gleiche Geschichte: Sie sind Mobbing-Opfer. Katharina ist ein kluges Mädchen, und Maximilian ist ein kluger Junge. Katharina hat sich nicht so früh geschminkt wie ihre Mitschülerinnen, und Maximilian hat nicht Fußball gespielt. Möglicherweise sind sie also tatsächlich ein kleines bisschen anders als die anderen, aber vielleicht ist das gar nicht der Punkt. Vielleicht musste einfach nur ein Opfer her, weil die Klasse eines brauchte.

Katharina und Maximilian sind dann sehr unterschiedlich mit ihrer Situation umgegangen: Katharina hat sich nicht gewehrt, sondern alles still ertragen, dabei ist sie fleißig in die Schule gegangen, hat gern gelernt und sich den Erfolg nicht nehmen lassen. Die Lehrer, die während ihrer Schulzeit und auch später damit konfrontiert wurden, dass Katharina gemobbt wurde, haben sich damals schon gewundert und wundern sich immer noch. Gemerkt haben sie nichts, sagen sie. Katharinas Eltern, besonders ihre Mutter, hat viel unternommen, damit sich etwas ändert, aber nichts erreicht. Manchmal hat sie damit, natürlich in ganz anderer Absicht, Katharina vielleicht sogar geschadet.

Maximilian hat nach zwei, drei Jahren angefangen, sich gegen seine Quälgeister zu wehren. Das hat dazu geführt, dass die Lehrer ihn nicht als Mobbing-Opfer wahrgenommen haben, sondern als Querulanten. Maximilian hat sich dann darauf verlegt, dem Mobbing aus dem Weg zu gehen, indem er oft nicht in die Schule geht. Maximilian lehnt die Schule ab und macht so gut wie keine Hausaufgaben. Maximilians Leistungen sind schlecht, seine Schullaufbahn gefährdet. Maximilians Eltern haben viel versucht zu ändern und bisher wenig erreicht. Vielleicht haben auch sie ihrem Sohn mit all ihren Anstrengungen, ihm zu helfen, eher geschadet. Aber sie sind noch mitten drin, und vielleicht geht die Geschichte für Maximilian anders weiter, als sie für Katharina ausgegangen ist.

Ein bisschen Genugtuung wäre schön

Katharina hat ein gutes Abitur gemacht und studiert jetzt Psychologie in einer Stadt, die vierhundert Kilometer von ihrem Heimatdorf entfernt liegt. Die meisten ihrer Mitschüler sind nach München gegangen, wenn sie überhaupt aus ihrem Dorf weggegangen sind. Katharina, 23 Jahre alt mittlerweile, ist schmal um die Hüften und wirkt sportlich, hat lange braune Haare, Mittelscheitel, schwarz getuschte, dichte Wimpern. Der lilafarbene Pullover sieht gut aus zu ihrem blassen und trotzdem rosigen Teint. Beim Sprechen rollt sie das R, so wie es im Dorf fast alle tun. Man kann sich kaum vorstellen, dass diese junge Frau als Mädchen nicht gemocht, ja offensichtlich von einigen sogar gehasst wurde.

Katharina ist – was an ein Wunder grenzt – nicht bitter geworden. Sie hat nicht resigniert. «Eine Abneigung gegen die Leute im Dorf» hat sie entwickelt, sagt sie. Gelegentlich schaut sie ins Internet und sucht ihre damaligen Peiniger auf schülerVZ oder Facebook. «Aber das mache ich nicht, weil mich wirklich interessiert, was sie machen. Ich möchte mir eine Bestätigung holen wie: Ich bin hübscher als sie oder erfolgreicher als er.»

Wenigstens eine kleine Genugtuung wünscht sie sich, so etwas wie ausgleichende Gerechtigkeit. «Da mache ich keinen Hehl mehr draus», sagt sie. «Am Anfang hatte ich ein schlechtes Gewissen deshalb, aber jetzt stehe ich dazu. Ich freue mich, wenn ich höre, dass Florian sein Studium abgebrochen hat. Oder wenn ich finde, dass er mit seinem Bart scheiße aussieht. Ich hoffe schon, dass jeder seine Quittung bekommt. Ich freue mich, wenn ich sehe, dass Jennifer nicht hübsch aussieht und zu dick ist. Es sind Kleinigkeiten, und das macht mich dann ein kleines bisschen zufrieden. Ich würde aber niemandem Unglück wünschen, das nicht.»

Mit weicher Stimme erzählt sie von all den Dingen, die diese Leute ihr zugefügt haben. Manchmal denkt man, wenn man ihr zuhört, dass es sich gar nicht so anhört, als spreche sie von sich, sondern von einer anderen Person – vielleicht weil sie nicht einmal selbstmitleidig klingt.

Mit mir nicht

Maximilian trägt eine schwarze Jeans und Chucks dazu. Das makellos weiße, große T-Shirt verbirgt nicht ganz, dass er um die Körpermitte ein bisschen füllig ist. Er ist leicht gebräunt, seine Haut ist klar und rein, ein paar Sommersprossen auf der Nase, ein paar hellbraune Haarsträhnen, die ihm in die Stirn fallen, und der volle, runde Mund lassen sein Gesicht entspannt und kindlich wirken. Sein Blick ist herausfordernd, nicht schüchtern.

Seine Stimme jedoch passt gar nicht zu diesem Gesicht. Er klingt meistens genervt, fast nölig, sobald man ihn etwas fragt. Schriller Protest. Die Antworten, die er auf Fragen nach seiner momentanen Situation in der Schule gibt, laufen alle meist auf einen Satz hinaus: Schule ist scheiße.

«Wie geht es dir jetzt?»

«Es geht.»

«Wie ist die neue Klasse?»

«Na ja.»

«Hast du dich auf die neue Klasse gefreut?»

«Ich bin nicht der Typ, der sich auf Schule freut.»

«Warum nicht?»

«Ich find' Schule halt scheiße.»

«Gibt es nichts, was dich interessiert?»

«Nein. Doch. Manche Fächer sind Zeitverschwendung: Textil und Sport. Oder Geschichte, die Steinzeitmenschen, o Gott, o Graus.»

Die hohe Tonlage, in der Maximilian spricht, und die aggressive, destruktive Art, mit der er über den Unterricht und seine Mitschüler redet, wirken wie ein Panzer, hinter dem der elf Jahre alte Junge seine tiefe Kränkung verbirgt. Denn manchmal, wenn er ins Erzählen kommt, wenn er von seinem Leid spricht, dann kommt er ins Stocken, und die Stimme verändert sich, wird dunkel und weich. In diesen Momenten versteht man, was Menschen für einen Schaden in der Seele anderer Menschen anrichten können. Auch Kinder.

Was Mobbing genau ist

Keiner hat etwas gesehen

In Erich Kästners Buch «Das fliegende Klassenzimmer» springt Uli von einem hohen Gerüst, um zu beweisen, dass er nicht feige ist. Er bricht sich das Bein. Und weil seine Mutprobe ihren Ursprung darin hat, dass die Klasse ihn, den Schwächsten, den Ängstlichen, in einen Papierkorb gesetzt und vor dem Unterricht zur Decke hochgezogen hat, muss die Klasse zur Strafe einen Satz fünfmal schreiben: «An jedem Unfug, der passiert, sind nicht nur die schuld, die ihn begehen, sondern auch die, die ihn nicht verhindern.»

Die Aufforderung ist klar: Hinschauen sollen die Schüler, eingreifen, die Dinge nicht laufen lassen. Es geht um Zivilcourage und Mitgefühl, und es wird deutlich, was passieren kann, wenn eine Gruppe sich mehr oder weniger stillschweigend auf den einen einigt, gegen den sie sich abgrenzen kann. Im Roman gehört Uli zu einer Clique von Freunden, er ist kein Außenseiter und kein Opfer. Im Buch betrachtet der Lehrer es auch als seine Aufgabe, hinzuschauen, einzugreifen, und er macht die, die wegschauen, mitverantwortlich für das, was passiert.

Uli hätte vielleicht ein Opfer werden können – hätte er nicht seine verlässlichen Freunde in der Klasse gehabt und hätte der Lehrer nicht eingegriffen. Dann wäre aus einem Streich vielleicht ein weiterer geworden und noch einer. Mit

Sprüchen wie «Du Opfer!» hätten die Starken aus der Klasse sich über ihn lustig gemacht. Uli hätte sich zu wehren versucht oder auch nicht. Jedenfalls hätte Uli eine immer lächerlichere Figur abgegeben, wäre im einen Fall als «Weichei», im anderen als «Arschloch» beschimpft worden, und eines Tages wäre die halbe Klasse daran beteiligt gewesen, ihn zu hänseln, zu ärgern, zu quälen, zu schikanieren. Und die andere halbe Klasse hätte weggesehen und so getan, als wäre nichts. Heute würde man das Mobbing nennen.

Mobbing oder Bullying, wie es im angloamerikanischen Sprachraum heißt, ist kein neues Phänomen (in diesem Buch wird der Einfachheit halber nur der Begriff Mobbing verwendet). Das Attackieren Schwächerer, um die eigene Position in einer Klasse aufzuwerten, wird aber erst seit den 1980er Jahren wissenschaftlich untersucht. Zunächst wurden häufig Selbstberichte erfasst: Die Kinder kreuzten auf Fragebögen an, ob sie, innerhalb der letzten sechs Monate, nie, ein- oder zweimal, manchmal, einmal pro Woche oder mehrmals pro Woche von Mitschülern schikaniert wurden oder selbst ihre Mitschüler schikaniert respektive daran teilgenommen haben. Alle, die hier manchmal, einmal oder mehrmals pro Woche ankreuzten, wurden als Opfer respektive als Täter identifiziert. Das Ergebnis: Solche Angaben führen zu der Erkenntnis, dass Schulen ohne Mobbing eine Illusion sind und das Phänomen außerordentlich weit verbreitet ist.

Schulen ohne Mobbing sind die Ausnahme.

Ein zentrales Problem der Forschung zu diesem Thema: Um Mobbing und seine Dynamik im Ausmaß abzuschätzen und in einem weiteren Schritt zu verstehen, ist es nötig, in die Schulen zu gehen, denn Schüler sind für die Wissenschaftler die wichtigste Informationsquelle. Sie wissen tatsächlich am genauesten, was in ihrer Klasse abläuft. Solche Forschung aber verlangt von den Schulen Offenheit und die Einsicht, dass Mobbing ein weit verbreitetes Phänomen ist. Und dass Abhilfe, also Prävention und Intervention, nur nach einer präzisen Diagnose möglich ist.

Dieser Gedanke hat sich in Deutschland erst allmählich durchgesetzt. Inzwischen allerdings ist das Land sehr viel offener für solche Ideen und Ansätze geworden. Denn heute weiß man, dass nicht die Einsicht, Mobbing an der Schule zu haben, ein Makel ist, sondern es zu ignorieren. Im Gegenteil ist es nämlich ein Zeichen von Offenheit und Engagement, sich mit dem Thema auseinanderzusetzen. Schulen, die sich an Mobbing-Projekten beteiligen, profitieren direkt davon.

Zu Erich Kästners Zeiten gehörte das, was heute Mobbing heißt, noch irgendwie zum Schulalltag dazu. Man sagte: Das wächst sich aus. Das sagen heute übrigens auch noch viele. Und ja, es wächst sich aus. Es hört tatsächlich irgendwann auf. Zumindest sieht es so aus. Aber diejenigen, die es Monate oder auch Jahre hindurch erdulden, tragen noch schwer daran, wenn sie längst erwachsen sind. Oder sie leben gar nicht, bis sie erwachsen sind.

Mobbing kann tödlich verletzen

Der Gründungsvater und Doyen der Schul-Mobbing-Forschung, der Schwede Dan Olweus, begann sich mit dem Thema zu beschäftigen, nachdem zwei norwegische Schüler sich aus Angst vor ihren Mitschülern umgebracht hatten. Auch Peter Smith, der führende britische Mobbing-Forscher, bezeichnet den Selbstmord von Schülern makaber als «äußerst tragischen Glücksfall», weil erst in dessen Folge staatliche Stellen endlich ausreichend Finanzmittel bereitstellten, um Mobbing systematisch erforschen und auf dieser Basis ein sinnvolles Maßnahmenpaket dagegen entwickeln zu können. Dies konnte dann Schulen landesweit zur Mobbing-Intervention, aber auch zur frühzeitigen Prävention zur Verfügung gestellt werden.

Sowohl in England als auch in Skandinavien können Mobbing und Suizid in direkten Zusammenhang gebracht werden. In Großbritannien berichten regelmäßig führende Zeitungen wie der «Guardian» über Kinder, die sich infolge von Mobbing das Leben genommen haben. In Deutschland hingegen kann ein solcher Zusammenhang statistisch bisher nicht hergestellt werden, weil Mobbing als einer der Gründe, aus dem Kinder sich möglicherweise umbringen, hier nicht erfasst wird. Wenn die Mordkommission zum Suizid eines Kindes gerufen wird, steht Mobbing nicht auf der Liste der Polizei: In diese Richtung wird also gar nicht erst ermittelt.

Wohl aber wird bei uns inzwischen der Zusammenhang zwischen Mobbing und Amoklauf hergestellt und untersucht. «Wir finden sehr häufig Hinweise, dass sich die Täter früher selbst als Opfer empfunden haben, als nicht dazugehörig», sagt Herbert Scheithauer, der die Akten sämtlicher Schulschießereien in Deutschland studiert hat. In Erfurt, in Winnenden, in Emsdetten – überall waren die Täter unauffällig, hatten sich zurückgezogen, waren nicht integriert. In mehreren Fällen war im Rahmen der Ermittlungen von Degradierung durch Mitschüler oder Lehrer die Rede.

In der Isolation entwickelten sie häufig Rache- und Gewaltphantasien, meint Professor Scheithauer, und wollten vielleicht irgendwann gar nicht mehr dazugehören.

Die Taten der Amokläufer geschehen fast immer in einer Art Nebenrealität, die sich die Betreffenden aufgebaut haben, um die von ihnen meist düster erlebte Wirklichkeit zu Hause, aber sehr häufig auch die Wirklichkeit im Klassenzimmer erträglicher zu machen. Die meist unglücklichen, ängstlichen, unsicheren, angeschlagenen, sensiblen, einsamen Kinder finden aus dieser Nebenrealität irgendwann nicht mehr heraus. Und gerade weil sie in der Schule oft als Zielscheibe von Schikanen und Demütigungen dienen, wird dieser Ort zum Schauplatz ihrer Rache.

Amokläufer waren oft Opfer von Mobbing.

Amoklauf wird deshalb auch als «erweiterter Selbstmord» bezeichnet: Wenn der Täter selbst einen Schlusspunkt setzt, weil das Leben keinen Ausweg mehr anbietet und nicht mehr erträglich erscheint, sterben Unbeteiligte mit. Tatsächlich ähnelt jeder Amoklauf in einer Schule dem einen oder anderen seit dem Massaker an der Columbine High School am 20. April 1999 im amerikanischen Littleton, bei dem der 17-jährige Eric Harris und der 18-jährige Dylan Klebold in schwarzen Trenchcoats und bis an die Zähne bewaffnet in ihre Schule kamen, zwölf Schüler und einen Lehrer töteten, 23 weitere Kinder verletzten und sich dann selbst umbrachten.

Natürlich wird nicht aus jedem Rachegelüst ein Amoklauf und auch nicht aus jeder erlebten Ausweglosigkeit ein Suizid. Dennoch ist die ungefähre Zahl von 500 000 Mobbing-Opfern in Deutschland beunruhigend hoch. Dahinter verbirgt sich die Zahl von drei bis fünf Prozent Schüler und Schülerinnen, die angeben, dass sie ein- oder mehrmals pro Woche von ihren Mitschülern schikaniert werden. Das heißt, zu jeder Zeit – vorletztes Jahr, vergangenes Jahr, dieses Jahr und wahrscheinlich auch nächstes Jahr – werden eine halbe Million Kinder in deutschen Schulklassen gemobbt. Bei den einen ist das Mobbing von kurzer Dauer, bei anderen dauert es Monate oder ein Schulleben lang, aber zu jeder beliebigen Zeit werden allein in diesem Land eine halbe Million Kinder in irgendeiner Weise isoliert, geärgert, schikaniert und vor allem degradiert: «Mit dir können wir es machen und du kannst überhaupt nichts dagegen tun.»

Inzwischen haben viele Forscher gegenüber immer neuen Zahlen über das Ausmaß von Mobbing eine eher abgeklärte Haltung. Schon vor fast zehn Jahren formulierten die Briten Peter Smith und Paul Brain in einem Überblickartikel zum Stand der Forschung, dass es noch viele offene und brennende Fragen in der Mobbing-Forschung gebe, eines brauche man aber sicher nicht mehr: immer neue Studien zum Ausmaß.

Aktuelle Studien konzentrieren sich heute deshalb stärker auf das «Wie» als auf das «Wie oft». Sie nehmen die Rolle der Mitschüler unter die Lupe, die Machtdifferenzen, die Struktur von Netzwerken. Erst wenn man mehr über die Mechanismen innerhalb einer Klasse weiß, die dazu beitragen, dass sich Mobbing stabilisiert und immer mehr Mitschüler involviert werden, kann man daraus Maßnahmen ableiten, die effektiv gegen Mobbing eingesetzt werden können.

«Mobbing», so hat es der schwedische Psychologe Olweus formuliert und so ist es bis heute gültig, «ist der Missbrauch von sozialer Macht auf der Basis systematischer und wiederholter Attacken gegen Schwächere». Ein Schüler – die Hauptbetroffenen sind zwischen acht und vierzehn Jahre alt – wird zum Opfer gemacht, «viktimisiert, wenn er oder sie wiederholt und über längere Zeit negativen Handlungen eines oder mehrerer anderer Schüler ausgesetzt ist». Kurzfristige Konflikte oder nicht systematisch auftretende Aggressionen werden nicht als Mobbing bezeichnet, ebenso wenig Situationen, in denen zwei miteinander Krach haben. Hierin liegt übrigens eines der fundamentalen Missverständnisse über Mobbing: Es gibt immer noch (zu) viele Lehrer,

Mobbing ist der Missbrauch sozialer Macht.

die Mobbing für einen Konflikt halten und entsprechend reagieren. Was aber für eine Konfliktlösung sinnvoll sein kann, beispielsweise der Rat: «Macht das unter euch aus», ist bei Mobbing eine verheerende Empfehlung. Denn es ist genau das, was die Täter wollen: in Ruhe weitermachen.

Was sich abspielt, wenn gemobbt wird, kann verschiedene Gesichter haben: Sehr häufig sind es vermeintliche Kleinigkeiten, die auf den ersten Blick tatsächlich profan erscheinen und erst in ihrer Häufung eine Wirkung entfalten: Demjenigen, auf den diese Kleinigkeiten abzielen, wird seine Machtlosigkeit demonstriert. Und eben weil alles als so harmlos erscheint, kann man als Schüler leicht mal mitmachen: «Die anderen machen das doch auch.» Selbst Lehrer, die diese kleinen Attacken beobachten, neigen dazu, sie nicht ernst genug zu nehmen.

Es gibt allerdings auch Formen von Mobbing, bei denen ein Repertoire von Methoden aufgefahren wird, für die die lieben Kleinen – wären sie strafmündig und würden sie angezeigt – ins Gefängnis wandern würden. Da werden auf dem Nachhauseweg Zähne ausgeschlagen, da werden Kinder erpresst und beraubt, ihre Sachen werden zerstört, hinter ihrem Rücken werden sie verleumdet.

Besonders perfide: Cybermobbing

Erst in den letzten Jahren haben besonders die Jugendlichen ihr Sortiment um das so genannte Cybermobbing erweitert, was besonders perfide ist, weil es keinen Mut und keine Auseinandersetzung erfordert. Man muss dem Opfer nicht in die Augen sehen und kann seine Demütigungen im Internet anonym platzieren. Also ist die Hemmschwelle sehr niedrig.

In achtzig Prozent der Fälle tritt Cybermobbing allerdings nicht isoliert auf, sondern im Netz wird fortgesetzt, was sich auch auf dem Schulhof und in der Klasse abspielt.

So montieren Schüler die Köpfe von Mitschülerinnen in Pornofilme und veröffentlichen sie auf YouTube. So bildete sich im Internetforum schülerVZ eine ganze Gruppe, die ein Mädchen mit dem Online-Namen Chrissi kollektiv beschimpfte; so ließ sich ein Jugendlicher aus dem Kreis Trier/Saarburg filmen, wie er einen anderen brutal gegen das Kinn trat, und stellte das Video ins Netz. Die Attacken sind zwar nur virtuell, aber auch sie können echte Wunden hinterlassen. Auf Nachfrage geben die Täter allerdings meistens an, dass ihnen nicht bewusst gewesen sei, wie verletzend und demütigend ihre Handlungen waren.

Die meisten Opfer von Cybermobbing erleben Mobbing auch in der Schule.

Für das Opfer entfällt darüber hinaus oft die Möglichkeit, wenigstens nach einem Schultag einen entspannten, freundlich gesinnten Raum außerhalb der Schule zu betreten. Cybermobbing überschreitet also eine weitere Grenze, denn es ist allgegenwärtig. Ein verletzendes Bild kann man vielleicht vom eigenen Computer entfernen, was aber macht man mit dem Bewusstsein, dass sich die Mitschüler darüber den ganzen Abend amüsieren?

In den Vereinigten Staaten erhängte sich die 13-jährige Megan, weil sie sich in ihre Internet-Bekanntschaft Josh verliebt hatte und nach kurzer Zeit von ihm im Netz so gekränkt wurde, dass sie damit nicht fertig wurde. Doch Josh gab es gar nicht. Die Mutter von Megans ehemals bester Freundin, die sich an dem Mädchen rächen wollte, hatte sich den üblen Scherz einfallen lassen. Nicht einmal eine erwachsene Frau war also in in der Lage gewesen, zu ermessen, welchen Schaden sie auf diese Weise anrichten konnte.

Der belgische Regisseur Nic Balthazar drehte einen interessanten Film zum Thema: «Ben X», der 2007 auf der Berlinale uraufgeführt wurde, rekonstruiert die wahre Geschichte eines 17-jährigen, leicht autistischen Jungen in Gent, der in der Schule, aber auch virtuell gemobbt und zu Tode gequält worden war.

Im Film zieht sich der Junge, der in seiner Klasse nach allen Regeln der Kunst schikaniert wird, nach der Schule immer an seinen Computer zurück, denn im Spiel «Archlord» ist er jemand. In der virtuellen Welt fühlt er sich – wie viele solcher Kinder – besser als in der realen. Eines Tages zwingen seine Mitschüler ihn, sich in der Klasse auf einen Tisch zu stellen. Dann ziehen sie ihm die Hose herunter und filmen das mit ihren Handys. Von nun an poppt das Bild auf, sobald Ben den Computer hochfährt und seine Mails öffnet. Ständig klingelt sein Handy, und immer ist es das Bild, das ihm gesendet wird.

Sein letzter Rückzugsort ist zerstört – da bricht er vollends zusammen. Er zertrümmert seinen Computer und versucht, sich die Pulsadern aufzuschneiden. Doch dann nimmt der Film eine unerwartete Wendung, und Ben entrinnt dem, was nun beinahe unausweichlich schien. Mithilfe seiner Eltern und einer ungewöhnlichen Idee schafft er es stattdessen sogar, die Lehrer, die Eltern und die Mitschüler auf die Wahrheit aufmerksam zu machen und tief zu erschüttern.

Damals und heute

Ist Mobbing also schlimmer geworden als früher? Die Frage ist schwer zu beantworten. Es werden mehr Fälle gemeldet, was aber vor allem damit zusammenhängt, dass es erst seit knapp dreißig Jahren einen Begriff gibt für das Phänomen, das früher ja einfach «dazugehörte». Es ist in den letzten Jahren ins Bewusstsein der Deutschen gesickert, dass Mobbing existiert, dass es Schaden anrichtet und ein Gefahrenpotenzial darstellt. Auch in diesem Land vergeht kein Tag mehr, an dem nicht zwei bis drei Zeitungen über Mobbing an Schulen in irgendeinem Zusammenhang berichten.

Hinzu kommt der seltsame Trend, dass in Casting-Shows und Talentsendungen junge Menschen zur Belustigung von Millionen Zuschauern öffentlich Demütigung erfahren und solches Verhalten damit geradezu veredelt wird. Peter Silbernagel, Vorsitzender des Philologenverbands in Nordrhein-Westfalen, empfindet Kinder heute als erstaunlich mitleidlos. Aber wie sollen sie auch ermessen lernen, wie schmerzhaft so eine Situation für die Betroffenen ist, wenn Dutzende Sendungen Wettstreit, Konkurrenzdenken, Ausgrenzung, Zicken- und Ellenbogenmentalität propagieren?

Soziologen sprechen vom Phänomen der sozialen Bewährtheit: Das Verhalten anderer Menschen dient uns immer als Orientierungshilfe – je ähnlicher wir uns diesen Menschen fühlen oder fühlen möchten, desto stärker. Besonders Kinder und Jugendliche entwickeln in ihrer Lebensphase durch Nachahmen Zugehörigkeiten. Es ist also gar nicht verwunderlich, dass sie solche Methoden verinnerlichen und gar radikalisieren.

Und tatsächlich sprechen Pädagogen von einer Verrohung der Sitten. Vielleicht hängt das damit zusammen, dass die moderne Leistungsgesellschaft das Einzelkämpfertum so sehr fördert. Es gibt kaum noch Aussichten auf so etwas wie gemeinsame Schufterei in Lohnarbeit, was früher immerhin zugleich ein Prozess der Sozialisation war. Stattdessen stehen wir vor dem Problem einer immensen Jugendarbeitslosigkeit, aus der eine gewisse soziale Verwahrlosung resultiert, die die Medien nicht gerade positiv beeinflussen.

Die Ausgrenzung, die Missachtung beginnt sehr oft in der Schule, denn auch dort werden die Schüler zusehends zu Einzelkämpfern, nicht zu Teamplayern erzogen. Denn ganz eindeutig stehen Leistung und der Erfolg des Einzelnen im Vordergrund, die Kinder stehen schon früh im Wettbewerb miteinander und lernen so, dass es erwünscht ist, sich gegen andere durchzusetzen. Wer das nicht tut, ist ein Loser, ein Verlierer.

Wenn nun ein Kind in der Mikrogesellschaft der Schulklasse eine ideale Strategie entdeckt hat, sich durchzusetzen – warum soll es diese aufgeben und stattdessen eine vielleicht sozial verträglichere, aber weniger gute und vor allem weniger erfolgssichere Strategie einsetzen? Vor allem, wenn der aggressiven, dominierenden Strategie kein Widerstand entgegengesetzt wird.

Mobbing und Macht

Bei Mobbing – egal ob auf dem Schulhof, auf dem Nachhauseweg oder im Internet – geht es um die Demonstration von Macht und Überlegenheit. Daher gedeiht Mobbing dort besonders gut, wo Macht eine strukturierende Größe darstellt: Je hierarchischer und geschlossener ein System ist, desto erfolgreicher kann Macht missbraucht werden – unter Erwachsenen findet man Mobbing besonders im Arbeitsleben, beim Militär und im Gefängnis. In Universitätskursen ist Mobbing hingegen extrem selten – man wählt die Veranstaltungen und kann sie verlassen,

In hierarchischen Systemen gedeiht Mobbing am besten.

wenn man sich schlecht behandelt fühlt. Die gängigen Schulformen – Hauptschulen, Realschulen und Gymnasien – sind jedoch alle gleichermaßen von Mobbing betroffen.

An Grundschulen zählt man mehr Opfer als an weiterführenden Schulen, aber in etwa gleich viele Täter. 25 bis 45 Prozent der Grundschulkinder berichten, Mobbing-Opfer zu sein. Die Zahl ist so hoch und variiert zwischen Untersuchungen so stark, weil Grundschulkinder oft mit einer Wahrnehmung gesegnet sind, die dem Selbstwert sehr förderlich ist: Sie sind stark im Austeilen und nicht so großartig im Einstecken: Was ich mache, ist nicht so schlimm. Aber was mir widerfährt, ist natürlich sehr ungerecht. Hier mag einer der Gründe dafür liegen, dass Kinder in dem Alter sich schnell einmal als Opfer fühlen und dann auch wieder nicht, wenn man sie nach eigenen Erfahrungen fragt.

Gleichzeitig entwickeln sich in der Grundschulphase erst die kognitiven Fähigkeiten, die beherrscht sein wollen, um Gruppen erfolgreich zu manipulieren und effektive Strategien zu erfinden, um sich gegen gezielte Attacken zu wehren. Die Täter probieren in dieser Phase vor allem aus, was passiert, wenn sie jemanden anschießen. Wehrt der sich? Kommt ihm jemand zu Hilfe? Wenn ja, wenden sie sich dem Nächsten zu und explorieren weiter. Es werden also viele verschiedene Schüler attackiert, und die Opfer bleiben überwiegend nicht so lange in ihrer Rolle wie später an weiterführenden Schulen.

Dort hingegen, so zeigen es die neuesten Untersuchungen in Deutschland, wird in der fünften, sechsten, siebten und achten Klasse eine Art Mobbing-Höhepunkt erreicht. Danach nimmt der Trend ab, weil die Jugendlichen autonomer werden und sich auch in anderen Zusammenhängen als der Schule bewegen.

An weiterführenden Schulen macht einer von sieben Schülern Opfer-Erfahrungen. Die Täter wählen ihre Opfer nun spezifischer aus. Meistens sind es diejenigen, die am schlechtesten integriert sind. Nach Dominanz strebende Kinder sind erstaunlich erfolgreich darin, die Verletzlichkeiten anderer zu erkennen. Und sie sind auch besonders geschickt darin, die Schwächeren in der Klasse zu instrumentalisieren und zu attackieren. Mit perfekten manipulativen Fähigkeiten gegenüber den Mitschülern gelingt es ihnen, in der Klasse ein Klima zu schaffen, in dem die Attacken gegen das Opfer als akzeptabel gelten und das Mitmachen ganz normal wird. So übernehmen sie die soziale Macht in der Klasse, und anders als in der Grundschule ist die Opferrolle deutlich stabiler: Fünfzig Prozent der gemobbten Kinder bleiben über ein Schuljahr, häufig aber deutlich länger in der Opferposition.

Ein kleines Gedankenexperiment

Nehmen wir einmal Anton und Phillip. Sie sind beide gewissermaßen echt und doch erfunden. Ihre Geschichten sind wirklich passiert, aber die Geschichten anderer Kinder haben manchmal fast genauso angefangen und sind ganz anders weitergegangen, und so erleben nun Anton und Phillip stellvertretend auch die Geschichten der anderen Kinder.

Anton ist ein gescheiter, selbstbewusster Junge. Am Skilift drängelt er sich gerne vor. Sein Vater sagt dann anerkennend zu seiner Frau: «Guck mal, unser Junge, wie geschickt der sich vordrängelt.» Wenn Anton Leute – Kinder und auch Erwachsene – unterbricht und einen seiner klugen kleinen Scherze macht, sagt niemand: «Anton, jetzt hör doch erst mal zu, bis die anderen ausgeredet haben.» Stattdessen lachen alle über Antons kecke Art.

Phillip ist ein stilles Kind. Er hört lieber zu als viel zu reden. Wenn andere rempeln, weicht er aus. Er spielt nicht gern Fußball, weil er den nahen körperlichen Zweikampf scheut. Zu Hause erzählt Phillip auch nicht viel. Er hört oft: «Jetzt sag doch mal, Phillip, wie war es denn im Kindergarten?» Er sagt dann: «Schön.»

Anton und Phillip gehen zusammen in den Kindergarten. Anton gibt den Ton in der Gruppe an. Die Erzieherinnen sehen zwar, dass Anton sich oft zum Anführer aufschwingt, aber er ist ja so charmant. Und Phillip spricht halt nicht gern, man soll ja auch niemanden zu seinem Glück zwingen. Wenn Anton zu Hause erzählt, wie er als Erster auf den Baum geklettert ist (was die Erzieherinnen eigentlich nicht erlaubt hatten), wie ihm dann die meisten gefolgt sind (was die Erzieherinnen schmunzelnd beobachteten) und wie als Einziger Phillip unten blieb, lächeln die Eltern stolz. Vielleicht sind sie sogar ein bisschen froh, dass sie nicht so ein schüchternes Kind haben, wie Phillip eines ist.

Phillip erzählt zu Hause wieder wenig. Vielleicht sagt er, dass er als Einziger das gemacht hat, was eigentlich erlaubt war, dass es aber nicht so gut angekommen ist. Vielleicht sagt die Mutter dann: «Ach, Phillip, ist doch fein, dass du das machst, was die Erzieherinnen sagen. Stör dich nicht daran, dass andere anders sind als du.»

Anton und Phillip kommen zusammen in die Grundschule. Weil Anton längst weiß, wie unsicher Phillip ist, macht er auch schon mal einen kleinen Scherz auf Phillips Kosten. Die anderen Kinder in der Klasse finden Anton nett, unterhaltsam, witzig.

Anton ist gut in der Schule, und als Sportler fällt er besonders positiv auf, aber Phillip hat bessere Noten, vor allem in Mathe und Physik. In der dritten und vierten Klasse gehen die Kinder jeweils drei Monate lang zum Schulschwimmen, da ist Phillip plötzlich richtig gut. Außerdem hat Phillip zwei Freunde gefunden. Von den meisten Kindern in der Klasse wird er aber nicht besonders beachtet, er kümmert sich allerdings auch nicht darum. Im Gegensatz zu Anton.

Anton findet die Jungs, mit denen sich Phillip angefreundet hat, nett. Aber sie interessieren sich nicht für ihn. Anton möchte, dass sie ihn auch nett finden. Er macht abfällige Bemerkungen, wenn Phillip etwas Falsches sagt oder etwas Blödes macht. Und er geht zu einem von Phillips Freunden und sagt: «Ich finde Phillip ja auch total nett. Aber hast du mal gehört? Mit den Eltern muss irgendwas komisch sein.» Dann geht er zu dem anderen Freund von Phillip und sagt: «Ich finde Phillip total nett. Aber findest du nicht, dass er öfter mal ein frisches T-Shirt anziehen könnte?» Anton sorgt dafür, dass Phillips Image auch bei seinen Freunden langsam bröckelt.

Anton und Phillip wechseln von der Grundschule auf das Gymnasium. Sie kommen wieder in dieselbe Klasse. Anton, das ist deutlich, versucht sehr schnell, das Sagen in der Klasse zu bekommen. Wenn Phillip nun etwas geschieht, sagen wir, seine Eltern streiten sich ständig und er hat Angst, dass sie sich trennen könnten, dann kann das Antons Chance sein, aus Phillip das Opfer zu machen, das er braucht, um die Macht in der Klasse zu bekommen. Wenn der Klassenlehrer dann seine Führungsposition nicht einnimmt, entsteht ein Machtvakuum, das Anton natürlich gern ausfüllen würde. Wenn das gelingt, ist es für Anton ziemlich leicht, Phillip aus der Gemeinschaft zu drängen.

Wenn Phillip sich jedoch nicht zum Opfer eignet, dann findet Anton ein anderes Kind, das gerade verletzlich ist. Und Phillip wird vielleicht zum Tröster dieses Kindes, vielleicht findet er aber Anton auch ganz cool und witzig, wenn er Sprüche auf Kosten eines anderen macht, und wird zu seinem Assistenten. Oder er zieht sich heraus und tut so, als würde er nichts von der ganzen Sache mitbekommen. Wahrscheinlich ist jedenfalls, dass er irgendeine Rolle im Mobbing-System einnehmen wird. Und wenn er nicht selbst zum Opfer wird, hat er immerhin den großen Vorteil, sich die Rolle aussuchen zu können.

Anton und Phillip, in denen die Biographien tausender befragter Kinder zusammenfließen, sollen zeigen, wie zufällig einer zum Opfer wird und wie wenig von Grund auf böse ein anderer sein muss, um zum Täter zu werden. In der neueren Mobbing-Forschung hat man sich nämlich mehr und mehr davon verabschiedet, Opfer und Täter in den Fokus des Interesses zu stellen. Man hat erkannt, dass es wenig nützlich ist, im Wesen des Opfers nach Gründen für das Mobbing zu suchen, seine Eigenschaften als mögliche Ursache zu analysieren und zu versuchen, das Opfer zu stärken.

Von zwei ähnlich zurückhaltenden Kindern in der Klasse wird in der Regel nur eines zum Opfer. Und obwohl zwei Brüder beispielsweise sehr ähnlich sind, kann der eine in seiner Klasse ein akzeptierter Teil der Klassengemeinschaft sein, während der andere in seiner Klasse immer stärker in die Opferrolle gedrängt wird. Oder umgekehrt.

Die Gruppe entscheidet

«Verhalten ist eine Funktion von Person und Umgebung», formulierte der berühmte Sozialpsychologe Kurt Lewin schon Mitte des letzten Jahrhunderts. Das scheint in ähnlicher Weise auf Täter und Opfer zuzutreffen. Opfer werden kann jeder, aber sich aus der Rolle befreien kann keiner ohne Hilfe von außen. Es kommt vor, dass ein Opfer eine Klasse verlässt und die Klasse sich unmittelbar danach ein neues Opfer sucht. Es kommt auch vor, dass ein Opfer eine Klasse verlässt und in der neuen Klasse wieder zum Opfer wird. Es kommt aber auch vor, dass weder die Klasse sich ein neues Opfer sucht noch das ehemalige Opfer in der neuen Klasse wieder zum Opfer wird.

All das hängt, das weiß man heute, vor allem von der Konstellation einer Gruppe ab. Über heterogene Gruppen, Klassen beispielsweise, die sich noch nicht gefunden haben oder die in zwei Teile zerfallen wie z. B. cool/uncool, kann man leicht herrschen. Eine solche Klasse kann sogar über die gemeinsame Distanz zu einem Schüler zu einer homogenen Gruppe verschmelzen. Ein geeignetes Opfer findet der Täter immer, es muss nur verletzlich genug sein. Da reicht die Bandbreite vom Kind, das neu in die Klasse gekommen ist oder dem gerade ein Freund abtrünnig wurde, bis hin zum Kind, dessen Großmutter gestorben ist oder dessen Eltern frisch geschieden wurden.

Mobbing ist ein Gruppenphänomen.

Die kanadische Psychologin Debra Pepler stellte Mitte der 90er Jahre in einer großen Studie an dortigen Schulen fest, dass 57 Prozent der Mitschüler zum Täter, aber nur 31 Prozent der Mitschüler zum Opfer freundlich waren. Dreißig Prozent der Klasse zeigten Belustigung und Vergnügen, wenn Mobbing stattfand, und 48 Prozent der Mitschüler waren aktiv beteiligt, wenn Mobbing stattfand.

Die Finnin Christina Salmivalli und Kollegen entwickelten einen Fragebogen, mit dem soziometrisch die Mitschülerrollen erfasst werden. Auf Basis von Mitschülernominierungen zeigt sich, dass grundsätzlich neun von zehn Schülern eine Rolle im Mobbing-Prozess zugeschrieben werden kann: Zehn Prozent sind Täter, die von Assistenten (10 Prozent) und Verstärkern (10 Prozent) unterstützt werden. Das bedeutet, man findet in einer Klasse in etwa dreißig Prozent Kinder mit (latent) aggressivem Verhalten.

Weitere zwanzig bis dreißig Prozent der Schüler werden von ihren Mitschülern als die identifiziert, die am Rande des Geschehens stehen und so tun, als würden sie nichts bemerken – was die Aggression der Täter allerdings auch verstärkt. Schließlich gibt es pro Klasse um die zwanzig bis dreißig Prozent Verteidiger und Vermittler: die, die Hilfe holen und die Kinder, die attackiert werden, trösten und sagen, dass man sie in Ruhe lassen soll. Deren Bereitschaft sinkt jedoch, je länger Mobbing andauert. Und sie steht vor allem oft in einem direkten Zusammenhang mit dem schnellen und beherzten Eingreifen der Lehrer.

Insgesamt befänden sich damit ungefähr sechzig Prozent Kinder in einer Klasse, die sich nicht aggressiv verhalten und die man zur Erhaltung oder zum Schutz eines guten Klassenklimas aktivieren könnte. Sechzig Prozent Kinder, die für Maßnahmen gegen Mobbing leicht zu gewinnen sind. Wenn hingegen nichts getan wird, verkehren sich die Zahlen ins Gegenteil, eben weil die dreißig Prozent der Unbeteiligten dann unwillkürlich die Täterseite stärken.

Der Erfolg der Täter und der Misserfolg der Opfer – und das kann gar nicht oft genug betont werden – hängen also maßgeblich von den Strukturen und Normen in einer Klasse ab. Die Gruppe, die nicht verhindert, wie es der Lehrer im «Fliegenden Klassenzimmer» formuliert, macht Mobbing in aller Perfektion erst möglich, denn das Involvieren der Mitschüler bringt den Prozess so richtig in Schwung. Und das Opfer – auch das kann nicht oft genug betont werden – kann sich selbst am wenigsten helfen.

Intervention aber ist nicht möglich und kann dem Opfer sogar schaden, wenn die Betroffenen, also die Lehrer und auch die Eltern, kein Wissen über die verschiedenen Stadien und Übergangspunkte in diesem Prozess haben. Je früher Mobbing erkannt wird, desto leichter kann es durch richtiges Eingreifen beendet werden. Wer aber nicht weiß, wie weit die Fronten schon verhärtet sind und wie das System Mobbing funktioniert, wird selbst leicht unfreiwillig zum Teil des Systems. Zum Schaden des Opfers.

Zusammenfassend lässt sich feststellen: *Bei Mobbing handelt es sich um einen Prozess, der bestimmte Kinder zu stabilen Opfern macht, während sich zugleich das soziale Gefüge einer Klasse wandelt. Das Ganze geschieht im Spannungsfeld zwischen den Individualinteressen Einzelner (der Täter) und den sozialen Strukturen und Normen der Gruppe.*

Es werden drei Stadien benannt, die sich aus der Wechselwirkung zwischen den Aktionen der Täter, den Reaktionen der Opfer und den Reaktionen der Mitschüler auf die Täter-Opferinteraktion ergeben:

1. Das *Explorationsstadium*: Der Täter sucht durch Attacken gegen viele verschiedene Kinder geeignete Opfer. Die Reaktion der Mitschüler konzentriert sich auf das Verhalten der Täter.

2. Das *Konsolidierungsstadium*: Durch systematische aggressive Attacken des Täters gegenüber einem ausgewählten Opfer werden die sozialen Normen der Klasse ausgetestet; die Haltung und das Verhalten der Mitschüler gegenüber Täter und Opfer tragen entscheidend dazu bei, ob der Prozess unterbrochen wird oder nicht.

3. Das *Manifestationsstadium*: Die Opferrolle wird irreversibel festgelegt, und die Definitionsmacht über die sozialen Normen der Klasse liegt jetzt im Wesentlichen beim Täter: weil die Aggression gegen das Opfer als gerechtfertigt erscheint, rufen die fortgesetzten Attacken gegen das Opfer

statt Ablehnung eher Anerkennung und aktive Unterstützung hervor, während das Opfer von den Mitschülern zunehmend abgelehnt und sozial isoliert wird.

Ein Modell zur Dynamik von Mobbing

1. Stadium: Exploration

	Soziale Normen	*Mitschülerreaktion*	
	Verletzung	*Einstellung*	*Verhalten*
Aggression *des Täters*	*ja*	*negativ*	*negativ?*
Viktimisierung *des Opfers*	–	*neutral*	*neutral*

2. Stadium: Konsolidierung

	Soziale Normen	*Mitschülerreaktion*	
	Verletzung	*Einstellung*	*Verhalten*
Aggression *des Täters*	*ja*	*negativ*	*negativ*
Viktimisierung *des Opfers*	*ja*	*negativ*	–

3. Stadium: Manifestation

	Soziale Normen	*Mitschülerreaktion*	
	Verletzung	*Einstellung*	*Verhalten*
Aggression *des Täters*	–	*neutral/positiv*	–
Viktimisierung *des Opfers*	*ja*	*negativ*	*negativ*

Auf einen Blick

- An deutschen Schulen gibt es rund eine halbe Million Mobbing-Opfer.
- Mobbing ist der Missbrauch sozialer Macht durch systematische Attacken gegen Schwächere.
- Mobbing ist eng mit der Struktur und Organisation des Schulsystems verknüpft. Die hierarchische Struktur bietet ein optimales Umfeld für den Missbrauch sozialer Macht und damit dafür, dass physisch oder psychisch Schwächere gezielt zu Opfern werden und der Aufwertung des soziales Status des Aggressors bzw. der Aggressorin dienen.
- Mobbing ist kein Makel einer Schule, es spricht im Gegenteil für die Schule, sich dem Thema offensiv zu stellen.
- Mobbing kann lebenslang wirken und sogar tödlich verletzen.

2 Jeder kann Opfer werden

Kein Entrinnen

Ein Streit um einen Anspitzer – und alles beginnt

Im September ist es morgens frisch in den Bergen, da spürt man die Höhe. Katharina zieht an ihrem ersten Schultag einen pinkfarbenen Pullover an, den ihre Mutter selbst gestrickt hat, dazu einen Rock, der selbst genäht ist. Die Familie hat nicht viel Geld, aber Katharinas Mutter ist eine patente Frau und macht selbst, was man selbst machen kann.

Katharinas Mutter hat ihren Beruf als Bauzeichnerin wegen der Kinder aufgegeben – Katharina ist die Älteste, Anna ist zwei Jahre jünger – und putzt im Kindergarten. Der Vater arbeitet bei den Bergbahnen an der Kasse. Das Haus, das das Paar vor der Geburt des ersten Kindes neben das Elternhaus von Katharinas Mutter gebaut hat, ist winzig und sehr gemütlich. Es liegt etwas außerhalb des Ortes am Hang, dahinter dichter Tannenwald und Alpenpanorama.

Katharina hatte in den Ferien einen Zusammenbruch vor Wut, als sie erfuhr, dass sie nicht mit ihrer besten Freundin Annette in eine Klasse kommen würde, weil sie evangelisch ist und Annette katholisch. Sie ist eifersüchtig auf Melina, weil sie mit Annette in eine Klasse eingeteilt wurde. Die Mädchen waren im Kindergarten ein richtiges Dreiergespann gewesen, in dem meistens Melina und Katharina um Annettes Gunst buhlten.

Nun muss Katharina in der Schule Melina das Feld überlassen. Die meisten Kinder, mit denen sie zusammen im Kindergarten war, kommen in die Klasse A von Melina und Annette, Katharina kommt in die Klasse B, eine dritte Klasse C wird aus Kindern gebildet, die mit dem Bus aus einem anderen Tal ins Dorf kommen. Sie sind im Winter dort oft eingeschneit, darum ist es sinnvoll, sie in einer Klasse zu haben.

Der erste Schultag also. Katharina hat sich mehr oder weniger mit ihrem Schicksal abgefunden, freut sich auf das Lernen und setzt sich neben Jennifer, das einzige Mädchen, das sie noch aus dem Kindergarten kennt. Sie war in den drei letzten Jahren auf jeder von Jennifers sehr gelungenen Geburtstagspartys eingeladen gewesen, sie hatte Jennifer selbst zu ihren Geburtstagen eingeladen, sie fand sie nett und hatte auch das Gefühl, von Jennifer gemocht zu werden.

Katharina legt sehr viel Wert auf Ordnung. Ihre langen glatten Haare werden von einem Haarreif in Schach gehalten. Sie achtet darauf, dass ihre Kleidung in einem guten Zustand ist, und nimmt es sehr schwer, wenn etwas kaputtgeht, auch wenn ihre Mutter immer sagt, das sei doch nicht schlimm. Katharina sieht das anders. Darum kann sie es auch nicht leiden, wenn andere achtlos mit ihren Sachen umgehen. Als einmal ein Mitschüler die Gummis in ihrem Federmäppchen dadurch ausleiert, dass er einen Stift darin herumdreht, wird sie zornig. Natürlich findet der Junge, dass sie sich ziemlich blöd anstellt.

Aber Katharina traut sich auch ganz schön viel. Sie ist sportlich, fährt schnell Fahrrad, klettert auf Bäume und ist stolz darauf, das einzige Mädchen zu sein, das die Schnecken anfasst, wenn die Kinder sich einen Spaß daraus machen, die Tiere um die Wette kriechen zu lassen.

In der Schule lernen sie die Buchstaben. Wenn ein Buchstabe dran ist, schneiden sie ihn aus der Zeitung aus und sollen dazu etwas zeichnen oder malen, das mit dem Buchstaben zu tun hat. Katharina liebt diese Aufgabe, sie zeichnet gut und hat viele Ideen. Sie verkünstelt sich richtig, zeichnet mit großem Aufwand Löwen und Schwäne, doch der Lehrer findet keinen rechten Gefallen an ihren Werken, kritisiert sie sogar immer wieder vor der ganzen Klasse, weil er findet, dass ihre Farben zu schwach sind. Dabei benutzt sie ganz normale Holzbuntstifte.

Zum Geburtstag bekommt Katharina von ihrer Mutter neonfarbene Holzstifte, damit die Farben in Zukunft beim Zeichnen kräftig genug sind. Wie bei allen Dingen, die Katharina mit in die Schule nimmt, schreibt die Mutter ihren Namen auf die Schachtel. Eines Tages behauptet Jennifer, die neben Katharina sitzt, das seien ihre Stifte. Katharina kann das gar nicht glauben und widerspricht, es steht ja sogar ihr Name auf der Schachtel. Jennifer sagt, Katharina hätte ihr die Stifte geklaut und ihren Namen nachträglich auf die Schachtel geschrieben, Katharina widerspricht immer lauter. Mitten im Streit nimmt Jennifer Katharinas Anspitzer vom Tisch und schmeißt ihn mit voller Wucht gegen die Wand. Der Anspitzer zerbricht, und Katharina ist außer sich, einerseits, weil sie so ungerecht findet, wie Jennifer sich verhält, andererseits, weil es für sie schlimmer ist als für manch anderen, wenn ihr der Spitzer zerbricht.

Zu Hause erzählt Katharina aufgebracht von der Geschichte mit Jennifer. Obwohl sie sich fest vorgenommen hatte, sich in die Konflikte ihrer Kinder möglichst nicht einzumischen, damit sie lernen, sie selbst zu lösen, entschließt sich ihre Mutter nach längerem Überlegen, bei Jennifers Mutter anzurufen, um zu schlichten. Die Mütter kennen sich flüchtig; so, wie jeder jeden kennt im Dorf: Man grüßt sich morgens beim Bäcker und trifft sich abends in den Tanzstunden. Am Telefon sagt Jennifers Mutter mit eiskalter Stimme – und das kommt nun allerdings sehr überraschend für Katharinas Mutter –, sie und Katharina würden eine unglaubliche Hetzkampagne gegen ihre Tochter starten und sie würde sich das verbitten. Dann legt sie auf.

Als Katharina ein paar Tage später mit dem Fahrrad an Jennifers Mutter vorbeifährt, hält sie an, um guten Tag zu sagen. Da sagt Jennifers Mutter, es ginge ja wohl nicht, dass sie die Leute aus dem Dorf gegen ihre Tochter aufbringen würde. Sie habe beschlossen, dass ihre Tochter mit Katharina nichts mehr zu tun haben solle. Katharina ist verdutzt und gekränkt, weiß aber nichts darauf zu sagen.

Katharina möchte gern mit Jennifer befreundet bleiben. Sie würde für die Freundschaft kämpfen, aber die ist vorbei, bevor sie richtig angefangen hat. Auf Jennifers nächster Geburtstagsparty ist Katharina als eine der wenigen aus der Klasse nicht eingeladen. Und Jennifer schneidet sie fortan, in der Klasse und natürlich erst recht in den Pausen.

Keine Lust, sich anzupassen

In den ersten zwei Wochen blüht Maximilian in der Schule auf. Er hat zwei große Schwestern und lange darauf gewartet, endlich auch so viel zu lernen wie sie. Aus dem Kindergarten hat seine Mutter ihn nach einer Weile wieder herausgenommen, weil er es dort langweilig fand. Doch nun hat er erst die Wochen, dann die Tage gezählt bis zum Schulanfang. Der Junge kann schon schreiben und ist ziemlich reif und aufgeweckt, aber nicht so sportlich. Fußball findet er blöd, daraus macht er keinen Hehl. Seine Hobbys: Er ist einer der wenigen Jungen, die reiten. Außerdem schaut er leidenschaftlich gern im Fernsehen Dokumentationen. Die Jungs, mit denen er in eine Klasse geht, können damit allerdings nicht viel anfangen.

Maximilian hat aber keine Lust, sich für Fußball und Harry Potter zu interessieren. Diese Haltung könnten die anderen ja auch cool finden. Tun sie aber nicht. Und schon nach zwei Wochen bekommt der Junge, der vorher so gut wie nie in einer Gruppe war, die erste Quittung für seine Weigerung, sich anzupassen: Ein paar Jungs aus seiner Klasse, darunter ein Türke aus schwierigem Elternhaus, der später sagen wird: «Ich hab hier eh keine Chance, da mache ich mich doch nicht auch noch zum Opfer», hänseln und beschimpfen ihn: Er ist halt der Scheißbullensohn, denn im Ort weiß jeder, dass sein Vater Beamter der Kriminalpolizei ist.

Die Familie lebt in einer Kleinstadt in der norddeutschen Heide, an jeder Straßenecke werden Körbe mit frischen Heidelbeeren verkauft. Im Zentrum Fachwerkhäuser, ein Marktplatz mit Kopfsteinpflaster, traditionsreiche deutsche Restaurants und italienische Eiscafés, wo sie jetzt auch Latte macchiato im Glas servieren. Einen H&M gibt es, eine Buchhandlung, die einer dieser Ketten angehört, einen Drogeriemarkt, auch von einer dieser Ketten, mehrere Grund- und Hauptschulen, eine Realschule und zwei Gymnasien, von denen eines ziemlich elitär ist. In einem kleinen Kino laufen zwei Filme, größere Kinos gibt es in Wolfsburg oder Braunschweig, wo man jeweils ungefähr eine halbe Stunde mit dem Auto hinfährt. Nach Hannover, also zum nächsten Flughafen beispielsweise, sind es knapp hundert Kilometer.

Maximilian lebt mit seiner Familie in einem Einfamilienhaus in einer Straße voller ähnlicher Häuser. Sein Vater hat Schichtdienst, die Mutter arbeitet selbständig in einer Praxis im Haus als Heilpraktikerin. Als sie bemerkt, dass ihre Kinder alle dem Lernen gegenüber mehr als aufgeschlossen sind und ihre Auffassungsgabe ungewöhnlich gut ist, lässt sie sie testen. Alle drei, die beiden Töchter und der Sohn, werden als hochbegabt eingestuft.

Die Töchter, Kira und Viviana, zurückhaltende Mädchen beide, arbeiten weit über das hinaus, was in der Schule verlangt wird. Das kommt bei ihren Mitschülern nicht so gut an, da heißt es schnell: Du Schlauberger, du Besserwisserin. Die Mädchen spüren die Feindseligkeiten deutlich, und weil sie keine Lust darauf haben, als Außenseiter herzuhalten, lassen sie ihre Mitschüler abschreiben, helfen ihnen, wenn sie etwas nicht verstehen, und gehen sogar mit ihnen reiten, auch wenn sie selbst gar nicht so scharf darauf sind. Die Sprüche lassen nach, es ergeben sich lockere Freundschaften, und die Mädchen erleben eine beinahe unbeschwerte Schulzeit.

Kiras erste Klassenlehrerin ist nun auch Maximilians erste Klassenlehrerin, und Maximilians Mutter denkt, dass das eine gute Konstellation ist, denn sie kennt die Familie ja schon ein bisschen. Maximilian hat aber im Unterschied zu seinen Schwestern überhaupt keine Lust, sich anzupassen. Stattdessen macht er Sprüche, die seine Mitschüler als überheblich und blasiert empfinden. Ihre Angriffe werden drastischer, zunächst vor allem auf verbaler Ebene. «Hurensohn, Nuttensohn, Stück Scheiße, Idiot, Arschloch», rufen sie.

Dann reicht ihnen das nicht mehr, vor allem, weil Maximilian sich verbal nicht so leicht einschüchtern lässt. Sie treten ihn in den Bauch. Wenn er sich vor Schmerzen krümmt, lachen sie sich halb tot. Und wenn ein Lehrer um die Ecke kommt, sagen sie, Maximilian hätte zuerst getreten. Und Maximilian bekommt die Strafe.

Wenn es Maximilian schlecht geht, weil er sich bedrängt

fühlt oder weil ihm tatsächlich etwas passiert ist, ruft das Sekretariat des Direktors seine Mutter an, dass sie ihn abholen soll. Manchmal sitzt er in solchen Fällen auch bei der Schulpsychologin, doch sie mischt sich nicht ein, sondern beruhigt ihn nur. Einmal beißt ein Mitschüler Maximilian in den Arm. «Warum?», fragt Maximilian den Jungen, von dem er sich bis dahin nicht bedroht gefühlt hat. «Weil du besser bist als ich», antwortet der Junge. Er geht zu einem Lehrer und zeigt ihm den Biss. Der wird kreidebleich, schickt ihn zum Verbinden – und erkundigt sich nie mehr nach dem Vorfall.

Maximilians Mutter bringt ihren Sohn zum Hausarzt, der ihn krankschreibt. Maximilian geht eine Zeitlang nicht in die Schule. Maximilians Mutter fotografiert die Wunde, zur Dokumentation, doch keiner interessiert sich dafür. Die Klassenlehrerin gibt irgendwann zu, dass es Probleme gibt. «Maximilian wächst uns über den Kopf», sagt sie.

Maximilian registriert, dass er für alle zum Problem wird: für die Lehrer, die nicht wissen, wie sie mit ihm und seinen Mitschülern umgehen sollen; für die Eltern, die sich darüber streiten, ob er in die Schule gehen soll oder nicht; für die Schwestern, die ihm sagen, er solle sich mal ein bisschen anpassen, und auf die er dann auch sauer wird; für die paar Freunde, die er noch hat und die Angst haben müssen, dass es ihnen auch an den Kragen geht, weil sie zu ihm stehen. Er verlegt sich darauf, nicht mehr in die Schule zu wollen.

«Mama», sagt er hilfesuchend zu seiner Mutter, «reden kann ich mit den Leuten nicht mehr, ich möchte aber auch nicht schlagen. Ich gehe dann weg, sie laufen hinter mir her, und wenn ich auf die Toilette renne und abschließe, steigen sie über die Wände.»

Maximilians Mutter geht zur Schulpsychologin und zum Schuldirektor. Alle hören ihr betroffen zu, die Schulpsychologin verspricht, sich um Maximilian zu kümmern, der Direktor verspricht es ihr auch. Doch die Psychologin muss sich um 430 Kinder kümmern, von denen Maximilian bei weitem nicht der einzige Problemfall ist. Und der Direktor hat am Ende auch anderes zu tun.

Maximilians Mutter sucht therapeutische Hilfe außerhalb der Schule. Überall heißt es, da müssen Sie aber sechs Monate mindestens warten, oder: Ein Jahr ist keine Ausnahme. Natürlich will sie so lange nicht warten und lässt sich auf keine Warteliste setzen. Ihr kommt überhaupt nicht in den Sinn, dass sie in einem Jahr immer noch mit diesem Problem beschäftigt sein könnte.

Vor Katharina wird gewarnt

Katharina hat von Geburt an Neurodermitis. Ihre Familie mütterlicherseits ist hochallergisch. Etwa zum Zeitpunkt des ersten verhängnisvollen Streits mit Jennifer bricht die Hautkrankheit mit ungeheurer Wucht bei dem sechsjährigen Mädchen aus. In der zweiten Klasse wird es noch schlimmer. Ihre Haut fällt in Fetzen vom Körper ab, die Beine sind offen und es eitert aus den Wunden. Nachts werden die befallenen Stellen dick mit Mullbinden eingewickelt, und Katharina zieht Wollhandschuhe an, damit sie sich nicht kratzen kann. Sie tut es trotzdem. Im Schlaf streift sie die Handschuhe ab, zieht den Mull vom Bein herunter und kratzt. Die ganze Welt schmilzt zusammen auf den Juckreiz.

Wenn sie morgens aufwacht, sind ihre Beine manchmal an den Knien zusammengeklebt. Beim ersten Schritt brechen die Krusten auf, darunter das blanke Fleisch. Beim Sportunterricht sehen die anderen, was mit ihr los ist. Sie selbst merkt das am Anfang gar nicht richtig, denn wenn sie schwitzt, juckt es noch mehr, und damit ist sie vollauf beschäftigt.

In einer Pause steht Katharina im Flur herum und wartet auf jemanden. Jennifer geht vorbei und sagt laut: «Boh, bist du eklig!» Da kommt Annette vorbei, nimmt Katharina demonstrativ in den Arm und sagt: «Stimmt nicht, sie ist überhaupt nicht eklig.» Doch sowohl Annettes Verteidigungsversuche als auch die anderer Mitschüler lassen mit der Zeit nach. Jennifer erzählt überall, Katharina sei ansteckend und man solle sich davor hüten, sie zu berühren. Jennifer macht auch klar, dass die Kinder, die nach wie vor mit Katharina zu tun haben, nicht mehr in ihrer Gunst stehen. Und Jennifer gibt Partys, von denen nachher alle schwärmen. Alle möchten auf diese Partys eingeladen werden, also sind irgendwann alle mehr oder weniger auf Jennifers Seite.

In der dritten und vierten Klasse wird Katharina von fast allen Mitschülern gemieden. Wen auch immer sie nachmittags anruft, um sich zu verabreden, sie hört immer dasselbe in verschiedenen Variationen: «Ich hab keine Zeit, leider Klavierstunde.» Oder: «Ich muss zum Fußball», oder: «Ich bin schon verabredet.» Katharina erzählt zu Hause nichts davon, und auch sich selbst gesteht sie nicht wirklich ein, dass sie inzwischen ganz allein ist. Sie möchte den anderen ihre Ausreden am liebsten glauben, dann fühlt sich alles nicht so schlimm an. Dann kann sie einfach denken: Das gibt sich wieder.

Die Jungs schlagen zu

Mitten in der Mathestunde sagt ein Junge in die Klasse hinein, dabei aber eindeutig an Maximilian gewandt: «Hurensohn.» Als wäre das ein vereinbartes Zeichen gewesen, fallen alle gleichzeitig mit wüsten Beschimpfungen über den Jungen her. Die Lehrerin mahnt zur Ruhe und fährt unbeeindruckt mit ihrem Unterricht fort. Maximilian hat immer weniger das Gefühl, dass die Schule ihm irgendeine Art von Sicherheit bieten kann, gibt aber seinen Widerstand nicht auf. Trotzig wehrt sich der Junge weiterhin mit scharfen Worten, indem er seinen Mitschülern vorwirft, sie würden nichts kapieren, sie seien «asozial», «minderbemittelt».

Die Zwischenfälle häufen sich, und die Kinder werden einfallsreicher. Maximilian steht zusammen mit seinem einzigen Freund auf dem Schulhof. Dann wird er von hinten angerempelt und tritt, aus Versehen natürlich, seinem Freund auf die Füße. «Oh, das tut mir ja so leid», tönt es theatralisch von hinten, so als würden sie nachmachen, wie er spricht. Dann kümmert sich die Bande fürsorglich um seinen Freund: «Hast du dir weh getan? Maximilian ist aber auch ein dummer, ungeschickter Junge, findest du nicht?» Der letzte Teil des Satzes kommt fast drohend heraus, sodass Maximilians Freund, ein auch nicht sonderlich beliebter Junge, schleunigst nickt.

Später sagt Maximilian zu seinem Freund, dass er sich am besten raushält. Er versichert ihm, er würde nicht erwarten, dass er sich zu ihm bekennt, das wäre zu viel verlangt. So versucht Maximilian zu verhindern, dass er diesen Freund auch noch verliert. Aber er kommt nicht gegen die Übermacht in der Klasse an. Sein Freund gibt nach und wendet sich von ihm ab.

Eines Tages, auf dem Nachhauseweg, schlägt die Bande Maximilian einen Zahn aus. Nun endlich reagiert die Schule. Maximilian wird in die Parallelklasse versetzt. Es ist natürlich einfacher, einen Jungen in eine andere Klasse zu verpflanzen als eine ganze Gruppe.

Die Welt der Opfer

Was ist Ursache, was ist Wirkung?

Es ist nicht so, dass jeder Katharina und Maximilian mögen muss. Für den Geschmack der einen war Katharina vielleicht ein bisschen zu pedantisch mit ihren Sachen, für den Geschmack anderer war Maximilian vielleicht ein bisschen zu überheblich und altklug. Beides ist aber kein Anlass und schon gar kein Grund, die beiden in der beschriebenen Weise zu attackieren und zu isolieren.

Allerdings erscheint es häufig im Nachhinein plausibel, wenn man verstehen will, warum ein Kind zum Mobbing-Opfer wurde. Sogar von Eltern hört man dann Sätze wie diese: «Ich weiß ja, dass er etwas energisch reagiert»; «... dass sie etwas schüchtern mit anderen Kindern ist»; «Er liebt halt klassische Musik». Nicht schwer zu erkennen ist der mühsame Versuch, sich selbst etwas zu erklären, was nicht zu verstehen ist. Post-hoc-Erklärung nennt das die Wissenschaft, wenn im Nachhinein ein vermeintlicher Ursache-Effekt-Zusammenhang konstruiert wird. Im alltäglichen Leben jedoch mutiert so eine nachträgliche Interpretation dann leicht zur tatsächlichen Ursachenerklärung. Es sind allerdings viele Kinder pedantisch mit ihren Sachen oder altklug oder überheblich. Zur Vorhersage, ob jemand zum Mobbing-Opfer wird, sind solche Verhaltensweisen zunächst wertlos.

Das Schicksal eines Kindes, das zum Mobbing-Opfer wird, liegt nämlich weit weniger in seiner Hand als man meinen könnte.

In den Anfängen der Mobbing-Forschung ging man davon aus, dass Kinder, die zu Opfern werden, bestimmte Eigenschaften aufweisen: Sie seien ängstlich, unsicher, introvertiert, besonders empfindlich, eher still, sie hätten eine schlechte Meinung von sich selbst, schätzten ihre Situation negativ ein, betrachteten sich vielleicht sogar als Versager, als wenig anziehend, dumm. Betrachtet man die Studien dazu genauer, stellt man allerdings fest, dass die Mehrzahl Querschnittstudien sind: Die Eigenschaften und die Mobbing-Rolle der Opfer wurden zum gleichen Zeitpunkt gemessen.

Ob diese Kinder zu Opfern geworden sind, weil sie bestimmte Verhaltensmuster und Reaktionsweisen gezeigt haben oder ob sie solche Verhaltensweisen aufgrund ihrer Erfahrungen entwickelt haben, ist damit überhaupt nicht zu entscheiden. Inzwischen sind sich viele Mobbing-Forscher darüber einig, dass jeder zum Opfer werden kann. Welches Kind betroffen ist, hängt von der Zusammensetzung der Klasse ab, von den dort geltenden Normen, vom Verhalten des Lehrers und natürlich von der Existenz eines Kindes, das Einfluss in der Klasse gewinnen möchte und aggressives Verhalten als Erfolgsstrategie dazu entdeckt hat, also eines potenziellen Täters, seinen Assistenten, den Verstärkern und all jenen, die sich dafür entscheiden, nichts zu tun und nichts zu bemerken.

Als starker Hinweis in diese Richtung können die Befunde einer Längsschnittstudie gelten, in der Kinder zunächst in der zweiten und dritten Klasse zu ihren Erfahrungen mit Mobbing interviewt wurden. Sechs Jahre später wurden diejenigen, die in der Grundschule als Opfer oder Täter identifiziert worden waren, erneut zu ihren Mobbing-Erfahrungen befragt. Jetzt hatten also alle einen Schulübertritt hinter sich und waren mit neuen Mitschülern seit vier Jahren auf einer weiterführenden Schule.

Die Daten bestätigten, was in der Aggressionsforschung schon lange bekannt ist: Die Kinder, die in der Grundschule als Täter identifiziert wurden, hatten ein zweifach erhöhtes Risiko, auch in der weiterführenden Schule als Täter identifiziert zu werden. Die Täterrolle ist also moderat stabil. Ganz anders dagegen waren die Ergebnisse für die Kinder, die in der Grundschulklasse als Opfer identifiziert wurden: Der Anteil der Kinder, die stabil eine Opferrolle einnahmen, war genauso hoch wie der Anteil der Kinder, die erst in der weiterführenden Schule zum Opfer wurden, also ohne bereits in der Grundschule Opfer gewesen zu sein.

Eine Opferrolle in der Grundschule erlaubt also keinerlei Vorhersage über eine solche Rolle in der weiterführenden Schule. Schlussfolgern kann man deshalb, dass der Kontext, in dem Kinder ihre Schulzeit erleben, mehr dazu beiträgt, dass einige unter ihnen zum Opfer werden, als die individuellen Merkmale der betroffenen Kinder.

Opfer sind zur falschen Zeit am falschen Ort.

Man weiß weiterhin, dass – je länger Mobbing andauert – immer mehr Schüler aus einer Klasse daran beteiligt sind, wenn jemand in der Klasse zum Opfer wird. Allerdings können alle ihre Rolle frei wählen. Allein das Opfer bekommt seine Rolle von den Mitschülern zugewiesen und bleibt oft ohne jede Chance, Veränderung zu bewirken.

Es macht auch wenig Unterschied, ob ein Junge oder ein Mädchen zum Opfer wird. Beide Geschlechter können sich gleichermaßen schlecht dagegen wehren. Allerdings beginnt Mobbing überwiegend geschlechtshomogen: Jungen mobben Jungen und Mädchen Mädchen. Man darf deshalb als äußerst schlechtes Zeichen werten, wenn Jungen und Mädchen in einer Klasse an den Schikanen beteiligt sind. Geschieht das, ist ein fortgeschrittenes Stadium im Mobbing-Prozess erreicht, in dem nur noch wenig zu machen ist. Alle machen mit; alle haben ihre Rollen gefunden, und das Opfer ist geschlechtsübergreifend gewissermaßen zum Abschuss freigegeben. Innerhalb der Klasse rechtfertigt das Verhalten der anderen wunderbarerweise die eigene Beteiligung.

So ein nettes Mädchen

Verena ist die zweite Kandidatin für das Amt des Klassensprechers der 6a, weil sie wortgewandt ist, hübsch, sozial kompetent, so steht es seit Jahren in ihren Zeugnissen. Sie ist bei den Lehrern und bei den Schülern des Gymnasiums, das sie besucht, sehr beliebt. Ihre Freundin, Maja, ist etwas kleiner und etwas weniger hübsch als sie, aber auch wortgewandt und sozial kompetent.

Verena und Maja sind Freundinnen und sitzen nebeneinander. Dann kühlt das gegenseitige Interesse ab, und Verena setzt sich zu Susi, bespricht das aber vorher mit Maja, die nichts dagegen hat, sagt sie. Susis Nachbarin Linda setzt sich zu Maja. Aber Maja ist eigentlich doch gekränkt und, wie sich herausstellt, beleidigt. Verena ist deshalb betont nett zu Maja. Die Stimmung in der Klasse ist angespannt. Verena und Susi setzen sich wieder auseinander. Verena bemerkt eine neue Gleichgültigkeit ihr gegenüber, die von mehreren Mädchen ausgeht. Maja, die Kleinere, wird zum Schützling der Mädchen, die sich mit ihr solidarisch erklären und anfangen, Verena auszugrenzen.

Maja vermittelt den Mädchen, ohne explizit zu sein: Entweder ihr haltet zu mir oder zu ihr. Weil sie kleiner ist, schafft sie es, bald auch an den Beschützerinstinkt der Jungen zu appellieren. Es dauert nicht lange, da haben sich fast alle Schüler der 6a davon überzeugen lassen, dass Verena eine herzlose Ziege ist.

Selbst ein Klassensprecher kann zum Opfer werden.

Ein halbes Jahr später, an seinem Geburtstag, legt Robert vor den Augen der ganzen Klasse eine tote Maus in Verenas Schulranzen. Keiner sagt etwas. Verena findet die Maus, erschreckt sich sehr und weint. Keiner tröstet sie, alle finden, dass sie sich unglaublich anstellt und eine Heulsuse ist. Wenn Verena im Sportunterricht als Letzte noch dasteht, weil niemand sie als Partnerin wählt, und weint, heißt es wieder verächtlich: «Heulsuse.»

Verenas Bücher und ihre Hefte werden vom Tisch gefegt; wenn sie in der Pause über den Schulhof geht, sagt jemand: «Ach, die schon wieder.» Wenn sie sich zu der Gruppe der Mädchen stellt, zu denen sie noch bis vor kurzem selbstverständlich gehörte, kommt Maja und stellt sich so vor sie, dass sie sie aus dem Kreis drängt.

Verenas Mutter geht zum Klassenlehrer. Es findet ein Klassengespräch statt, in dem die Jungen sich entschuldigen für ihr Verhalten, in dem die Mädchen aber sehr ablehnend bleiben und Verena vorwerfen, sie hätte die schwächere und zu beschützende Maja im Stich gelassen. Der Klassenlehrer sagt, dass er so eine harte Auseinandersetzung noch nie erlebt hat.

Nach den Sommerferien wechselt Rosa in Verenas Klasse. Die beiden kennen sich, und Verena freut sich darauf, dass sich durch Rosa das Problem möglicherweise erledigen könnte. Sie zeigt Rosa alles, führt sie ein, berichtet ihr aber auch von ihren Problemen in der Klasse. Rosa wird gut in der Klasse aufgenommen, wendet sich aber immer mehr von Verena ab. Eines Tages sagt sie nicht einmal mehr «Hallo» zu Verena.

Verena sitzt mittlerweile allein in der zweiten Reihe. Ihre Mitschüler bezeichnen sie als egoistisch, weil sie nicht weggeht. Im Sportunterricht grölt die ganze Klasse, wenn Verena einen Fehler macht. Der Klassenlehrer sucht wieder das Gespräch mit der Klasse, diesmal wendet er sich gleich an die Mädchen. Während des Gesprächs zeigen sich alle einsichtig und füllen sogar Zettel mit Vorschlägen aus, was man gegen die Situation tun könnte. Als sie den Raum verlassen, kichern die Mädchen jedoch in Verenas Richtung und äußern sich abfällig über sie. Susi, neben die sie sich gesetzt hatte, als alles anfing, sagt laut: «Ich hab gehört, man soll nicht zu freundlich zu Verena sein, die fasst das gleich als Freundschaftsangebot auf.»

Es wird ein Elternabend einberufen: zur pädagogischen Situation in der Klasse. Die Klasse wirft Verena vor, gepetzt zu haben und maßlos zu übertreiben. Sie tanzen als «Mobbing-Girls» vor ihr herum, um sie lächerlich zu machen.

Die Eltern von Verenas Mitschülern reagieren ebenfalls schon im Vorfeld empört auf den Vorwurf: «Unsere Kinder sind doch keine Mobber.» Ein paar Tage vor dem Elternabend schauen sich die Eltern mit Verena ein anderes Gymnasium an, das sie gern aufnehmen möchte. Am Tag vor dem Elternabend fordert der Klassenlehrer Verena auf, nach vorn zu kommen und ihm zu sagen, was ihr an den anderen nicht gefallen würde. Verena ist entsetzt und sagt: «Das mache ich nicht, eine gegen dreißig.» Dann läuft sie weinend aus der Klasse zu ihrer Schwester, die auf dieselbe Schule geht. Der Schulleiter begegnet den Mädchen im Gang und erkennt, wie ehrlich aufgelöst Verena ist. Er lässt sie erzählen und begreift, dass er die Situation verkannt hat.

Die Schule versucht dann noch einzugreifen, aber am Ende des Jahres wechselte Verena auf das andere Gymnasium, auf dem es ihr von da an sehr gut geht.

Gut zu erkennen ist an diesem Beispiel, wie stark hier der Mechanismus, die Systematik das Geschehen vorantreibt. Die eigentliche Täterin, Maja, agiert kaum sichtbar und nur aus dem Hintergrund. Aber sie liefert den Mädchen und dann auch den Jungen einen guten Grund, Verena immer mehr auszugrenzen. Und sie liefert die «richtigen» Interpretationen, wenn Verena betroffen oder verletzt reagiert: «Heulsuse», «Ziege», «Du willst ja gleich immer befreundet sein». Jede aggressive Aktion wird – von Maja lanciert – umdefiniert, da ja die arme Maja das eigentliche Opfer sei. Die Schüler können sich mitunter sogar wie Helden fühlen. Wenn sich dann noch ein potenzieller Verteidiger, die erst neu gewonnene, aber schnell wieder verlorene Freundin Rosa, vom auserwählten Opfer abwendet, leitet das den endgültigen Absturz ein.

Das Beispiel zeigt auch, wie wenig prädestiniert man im Grunde für eine Opferrolle sein kann. Anwärterin auf das Amt als Klassensprecherin zu sein, signalisiert eigentlich viel positiven Zuspruch unter den Mitschülern. Es kann dann wahrhaftig eine Kleinigkeit reichen, und das gesamte Klima verändert sich. Am Ende hat Verena schlimme Mobbing-Erfahrungen gemacht, und sie ist erst dann wieder gern und zuversichtlich zur Schule gegangen, als sie in eine andere Klasse fernab ihrer alten Schule kam.

Außenseiter ist nicht gleich Opfer

Natürlich gibt es auch Kinder, deren Verhalten viel weniger normgerecht als das von Verena ist. Kinder, die sich distanzlos in jede Verabredung, die andere miteinander treffen, einklinken. Kinder, die in der Nase popeln; zu dicke oder zu dünne, zu schlaue oder zu unsportliche Kinder.

Sie werden abgelehnt, weil sie die Grenzen akzeptierten Verhaltens oft überschreiten und sich unempfindlich gegenüber Regeln zeigen, die als Normen in der Gruppe gelten. Kinder erscheinen hier strikt, mitunter auch gnadenlos und intolerant. Man muss spielende Kinder nicht lange beobachten, um Zeuge zu werden, wie schwierig es sein kann, Lösungen zu finden. Es gibt Streit und Tränen, wenn Grenzen überschritten werden. Kinder sind noch nicht konziliant, sie wollen sich durchsetzen und geben nicht gern nach. Aber sie möchten, dass das gemeinsame Spiel weitergeht. Darüber lernen sie.

Für Grundschulkinder ist es schwer, eine Klasse mit 25 Kindern zu überschauen. Sie sind durch die Vielzahl intellektueller und sozialer Anforderungen oft sehr beschäftigt. Das macht die Rolle des Lehrers zentral. Seine Zugewandtheit, Übersicht und sein Eingreifen entscheiden über die Ernsthaftigkeit, mit der ein respektvoller Umgang auch unter den Kindern umgesetzt wird. Das Verhalten des Lehrers entscheidet auch, welche Grenzen nicht verhandelbar sind. Und es entscheidet, ob alle Kinder einen Platz im System der Klasse haben oder ob einige herausfallen. Das nennt man aktive Prävention.

Kinder sind noch nicht tolerant.

Ein Kind muss nicht alle anderen mögen oder von allen gemocht werden. Bestimmte Kinder sind beliebter als andere, manche werden sogar abgelehnt, links liegengelassen und zum Außenseiter. Die vorher angeführte Längsschnittstudie, die klar belegt, dass eine Opferrolle in der Grundschule kein Risiko für eine Opferrolle in der weiterführenden Schule vorhersagt, zeigt aber auch dies: Ein Kind, das in der Grundschule abgelehnt wird, hat ein fünffach erhöhtes Risiko, auch in der weiterführenden Schule abgelehnt zu werden. Das Ausmaß der Sympathie oder Antipathie, das Kindern entgegengebracht wird, ist also durchaus stabil und steht im Zusammenhang zum Verhalten, das sie in der Klasse zeigen. Es führt, laut Studie, jedoch nicht dazu, dass sie zu Opfern werden.

Es ist also sicher nicht schön, Außenseiter zu sein oder abgelehnt zu werden, es muss aber von Mobbing deutlich und streng unterschieden werden. Soll heißen: Wenn ein Kind von mehreren Kindern nicht gemocht wird, kann das einen Grund haben. Wenn ein Kind aber aktiv schikaniert oder ausgegrenzt wird, ist das in jedem Fall inakzeptabel und erfordert eine schnelle Reaktion von denen, die für den Kontext verantwortlich sind, in dem es passiert.

Beim Mobbing wird die Ausgrenzung mit aggressiven Strategien betrieben. Das Verhängnisvolle daran: Täter, die ein potenzielles Opfer erkannt haben, attackieren es systematisch und bringen es in eine Position, aus der es sich kaum mehr befreien kann: «Das Problem ist nicht, dass andere dir gegenüber aggressiv sind oder dir die Fähigkeiten fehlen, dich angemessen zu wehren», beschreibt die finnische Psychologin Kristi Lagerspetz. «Das Problem ist, dass du eine Rolle zugeteilt bekommst, die zugleich die Basis für mehr und mehr Viktimisierung darstellt.»

Erdulden oder zurückschlagen?

Der schwedische Mobbing-Forscher Dan Olweus hat sich in seinem Buch «Gewalt in der Schule: Was Lehrer und Eltern wissen sollten – und tun können», das bis heute als Standardwerk gilt, intensiv damit befasst, was ein Gewaltopfer charakterisiert. Es gibt, seinen Recherchen zufolge, zwei Möglichkeiten für die Opfer, auf das, was ihnen geschieht, zu reagieren: Die meisten bleiben passiv, ergeben sich, aber wehren sich nicht – wie Katharina. Weniger häufig reagieren Opfer selbst aggressiv –

wie Maximilian. Beide Varianten allerdings kommen dem Täter zugute, denn ob das erduldende Opfer am Ende als «Weichei» bezeichnet wird oder das sich wehrende als «Arschloch», ist fast einerlei. Derjenige allerdings, der sich wehrt, provoziert damit häufig den Unmut der Lehrer und ist noch schwerer als Opfer auszumachen als einer, der alles still erleidet. So zeigen neue Daten aus einer Grundschulstudie, dass von 16 Kindern, die von ihren Mitschülern eindeutig als Opfer identifiziert wurden, von den Lehrern nur einer als Opfer erkannt wurde.

Lehrer halten Mobbing-Opfer häufig für mitschuldig an ihrer Situation.

Dagegen beschreiben die Täter selbst ihre Opfer als «die, die sich nicht wehren, die nicht sehr stark sind und sich zu sehr fürchten, dem Lehrer oder jemand anderem davon zu erzählen». Außerdem wählen Täter meist nur ein Opfer aus. Es ist viel effektiver und sicherer für den Täter, nur eine Person zu demontieren. Mehrere Opfer könnten sich verbünden und mehr Unmut in der Klasse hervorrufen. Einer allein ist immer schwach. Außerdem ist es vor der Klasse leichter zu rechtfertigen, dass einer nicht passt, als dass viele nicht passen.

In jeder Gruppe gibt es soziale Normen, und wer gegen die verstößt, überschreitet die Grenzen des in der Gruppe akzeptierten Verhaltens. Das kann auch jemand sein, der sich anders anzieht als die anderen oder jemand, der anders spricht, weil er von Bayern nach Hamburg kommt. Die Gruppe reagiert mit Zurückhaltung, vielleicht mit Antipathie, vielleicht sogar mit Ablehnung und in jüngeren Klassen sogar mit Sanktionen.

All dies liegt im Rahmen normaler Entwicklung, und Kinder lernen so, sich und andere einzuschätzen; sie registrieren, wo und womit sie anecken und warum sie gemocht werden; sie lernen den Umgang mit Grenzen. Sie lernen, welches Verhalten zur Eskalation führt und ab wann man selbst deeskalieren kann oder muss, damit niemand – auch man selbst nicht – Schaden nimmt. Kinder sind füreinander eine bedeutsame Entwicklungsressource, die durch Erwachsene und deren Ermahnungen und Erklärungen nicht ersetzt werden kann. Sie lernen unter ihresgleichen am Effekt – oft ganz direkt –, was geht und was definitiv nicht mehr akzeptiert wird.

Befindet sich nun aber ein potenzieller Mobber in einer Klasse, wird er solche Gelegenheiten nutzen. Jede Andersartigkeit erleichtert es ihm, die Zustimmung der Klasse zu gewinnen, wenn er sich geschickt anstellt. Das heißt nicht, dass das Kind zum Opfer wird, weil es Bayerisch spricht oder die falschen Turnschuhe trägt, sondern dass es sich – wenn sich jemand in der Klasse als cool und allmächtig hervortun möchte – in bestimmten Klassenkonstellationen als besonders geeignet für diese Rolle erweist. Das Kind könnte jedoch auch keine Auffälligkeit haben. Jeder Mensch ist dazu in der Lage, in jedem anderen Menschen eine Schwäche ausmachen, die sich dazu eignen könnte, ihn fertigzumachen.

Jeder Mensch hat Stärken und Schwächen, die jemand gegen ihn verwenden kann.

Ein Spiel, zu dem Psychologen gern anregen, geht so: Ich schaue meinen Nachbarn an und überlege mir, welche Fehler, Schwächen, wunden Punkte er bei mir finden könnte. Mir wird schnell klar, wie leicht es für den Nachbarn wäre, mich fertigzumachen, wenn er wollte. Ebenso leicht könnte er den Nachbarn auf der anderen Seite fertigmachen. Oder den einen nach dem anderen. Und auch das geschieht in Klassen: Wenn ein Opfer weg ist, ist das nächste fällig.

Nach Lukas kommt Moritz dran

Lukas geht auf eine Grundschule in Schleswig-Holstein. Die Familie ist neu zugezogen, und Lukas' Mutter hat den Eindruck, dass seine Mitschüler alles ihnen Unbekannte an ihm kritisieren wollen. Lukas, eigentlich ein fröhlicher, sportlicher Junge, befindet sich in einer schwachen Position, weil er noch keine Freunde hat und sich überhaupt nicht auskennt. Er wehrt sich nicht gegen die Angriffe, sondern zieht sich zurück und wird immer stiller.

Seine Mutter will das Schicksal nicht herausfordern und verhält sich auch ruhig. Sie weiß, wer die Kinder sind, die Lukas das Leben in der Schule schwermachen, sie hat auch die Eltern dieser Kinder zum Teil kennengelernt, weil sie zu den Elternabenden gegangen ist, aber sie scheut eine Eskalation der Situation, eben weil sie neu in der Gegend sind.

Sie wendet sich jedoch an die Lehrer. Deren Versuche, einzugreifen, beschränken sich dann darauf, Lukas verändern zu wollen. Sie scheinen es normal zu finden, dass die Kinder, die aus dem Ort stammen, ein anderes Kind, das nicht daher stammt, so exotisch finden, dass sie es piesacken.

Bei einem Konfliktbewältigungstraining schneidet Lukas sehr gut ab. Seine Mutter geht erneut in die Schule und appelliert an die Hilfe der Lehrer. Aber Lukas' Mitschüler drehen nur immer weiter auf. Drei Jahre bleibt Lukas in der Klasse.

Dann möchte er nicht mehr in die Schule gehen. Er ist neun Jahre alt, als er auf eine andere Schule wechselt, an der er sofort sehr glücklich ist. Erst jetzt wissen seine Eltern und auch er selbst, wie entspannt Schule sein kann. Lukas ist wieder gut gelaunt, wenn er morgens aus dem Haus geht. Und er erzählt viel aus der Schule, das hat er vorher nicht getan, aber das fällt seiner Mutter natürlich erst jetzt auf.

Als Lukas die erste Schule verließ, sagte er allerdings zu seinen Eltern: «Wenn ich da weg bin, ist Moritz dran.» Ein Jahr später verlässt auch Moritz die Schule.

Was hier am Beispiel deutlich wird, bestätigen auch die Forscher: Nicht Schüchternheit oder physische Schwäche prädisponieren für die Opferrolle, sondern die relative Position eines Einzelnen im sozialen Gefüge der Klasse bestimmt dessen Gefährdung. Ein physisch schwächeres Kind kann aufgrund anderer Fähigkeiten in der Klasse hoch angesehen und deshalb ganz ungefährdet sein, während ein besonders begabtes oder sozial kompetentes in einer ungünstigen Klassenkonstellation leicht zum geeigneten Opfer werden kann.

Nicht persönliche Merkmale, sondern die Position im sozialen Gefüge determiniert die Gefährdung als Opfer.

Ein Kind kann ein anderes fertigmachen wollen, weil es es verachtet, aber genauso gut, weil es dessen Konkurrenz fürchtet. Manchmal werden Kinder Opfer, die besonders gut in der Schule und den anderen ein Dorn im Auge sind. Ein Mädchen, das intelligent, hübsch und besonders sozial kompetent ist, kann ein anderes Mädchen, das intelligent, hübsch und sozial kompetent ist, auf dem Kieker haben, weil es um seine Position in der Klasse fürchtet.

Die Versuche also, an den Opfern etwas ändern zu wollen, um Mobbing zu unterbinden, sind mindestens einseitig und darum nicht besonders erfolgversprechend.

Täter haben ein Gespür für die Verletzlichkeit anderer

Es gibt aber tatsächlich so etwas wie optimale Voraussetzungen für potenzielle Täter: Kinder, deren Position oder auch deren innere Stabilität gerade von außen geschwächt wird, erweisen sich als besonders dankbare Opfer. Da kann ein Kind neu in eine bereits bestehende Klassengemeinschaft kommen, aber es kann auch eine alte Freundschaft zerbrechen, da können sich die Eltern gerade trennen, da kann im Fall einer bereits vollzogenen Trennung ein Vater seinen Sohn nicht mehr besuchen.

Dabei ist es nicht so, dass die Mobber um solche Bedingungen wissen, sie spüren quasi instinktiv die Verletzlichkeit eines auserkorenen Opfers, denn sie sind sehr clever und kompetent, Reaktionsweisen und Handlungsoptionen anderer einzuschätzen. Und wer mit aggressiven Mitteln seine soziale Position untermauern möchte, dem erleichtert die Auswahl eines schwach positionierten Kindes natürlich sein Vorgehen ungemein.

Jonathan streitet sich ständig mit einem Kind aus seiner Klasse. Der andere zeigt ihm den Mittelfinger, Jonathan zeigt ihm den Mittelfinger zurück, sie werden beide ermahnt, aber sie hören nicht auf. Am Ende geht Jonathan mit der Strafarbeit nach Hause, denn fast alle Kinder haben gesagt, dass er angefangen habe.

Jonathan hat nur noch zwei Freunde in der Klasse, alle anderen, auch die Mädchen, haben sich zurückgezogen, keiner will neben ihm sitzen. Und die beiden Freunde, die er noch hat, Sebastian und Alexandros, dürfen nicht neben ihm sitzen.

Seine Mutter bietet ihm manchmal an, in die Schule zu gehen und mit den Lehrern zu reden. Er sagt dann, er wolle es so haben, wie es sei. Alles sei also bestens, er wolle auch eigentlich alleine sitzen.

In der Schule kommt er immer schlechter mit. In den Nächten weint Jonathan oft und sagt dann zur Erklärung, er würde sich wünschen, wieder in seiner alten Straße zu wohnen. Mutter und Sohn sind umgezogen und leben jetzt zu zweit in einer Wohnung, weil Jonathans große Brüder zum Studium weggegangen sind und die Eltern sich getrennt haben.

Vor den Sommerferien legt sich Daniel, mit dem Jonathan immer streitet, in der Sportstunde mit ihm, Sebastian und Alexandros an. Alle werden ermahnt, es geht weiter hin und her, sie müssen zu viert das Turnen verlassen und keilen sich draußen weiter. Daniel in einer Ecke, Jonathan und seine Freunde in der anderen. Sie beschmeißen sich mit Steinchen und werden erwischt. Sie wollen erklären, wie es zu diesem Streit kam. Die drei bestehen darauf, dass der andere Junge angefangen hat. Aber darum geht es der Lehrerin nicht. Sie sagt, dass man überhaupt nicht mit Steinchen wirft. Jonathan, Sebastian und Alexandros müssen die lange Hausordnung abschreiben – Daniel nicht.

Jonathan fühlt sich ungerecht behandelt, er weint und schreit und rastet aus. Alle vier werden aus dem Klassenzimmer herausgeholt und befragt. Als Jonathan antworten will, macht der andere Junge spöttische Bemerkungen. Jonathan, der gerade den Mund aufmacht, um der Lehrerin zu antworten, brüllt dem Jungen entgegen: «Fick dich!»

Die Lehrerin erstarrt. Sie meint, er hätte das zu ihr gesagt.

Seine Mutter geht in die Schule und möchte erklären, dass ihr Sohn nicht die Lehrerin gemeint hat, aber diese beharrt darauf. Als Jonathans Mutter meint, es seien doch mehrere Kinder dabei gewesen und hätten sich eingemischt, sagt die Lehrerin: «Nein, wir waren allein im Gang, er kann nur mich gemeint haben.»

Nach diesem Vorfall wird Jonathan ständig aus der Klasse geholt, von der Rektorin, von einem Mathelehrer. Immer wieder rastet der Junge völlig aus. Die Lehrer können ihn nicht beruhigen und rufen bei seiner Mutter an, damit sie ihn abholt. Jeder Streit mit Daniel endet damit, dass Jonathan schuld ist und der andere nie.

Als das wieder einmal vorkommt, fängt Jonathan an zu randalieren und reißt Bilder, die die Kinder gemalt und im Gang aufgehängt haben, von der Wand.

Jonathan bekommt so viele Strafarbeiten auf, dass er sie gar nicht bewältigen kann.

Daniel grinst dazu und sagt: «Meine Mutter hat gleich gesagt, ich soll nicht mit dir spielen, weil du schlecht bist.»

Da heult Jonathan wieder und schreit: «Ich knall dich ab.»

Daneben steht die Lehrerin.

Jonathan macht genau das, was der Täter für ihn vorgesehen hat. Und zwar, weil die aggressiven Attacken des Täters dem Opfer immer nur bestimmte Reaktionen erlauben. Wenn dann noch die Lehrer mitspielen, weil sie – was immer noch oft vorkommt – nicht sehen, was in ihrer Klasse geschieht, weil sie vielleicht auch dem Charme eines Täters erliegen und ein Opfer als hysterisch oder provozierend wahrnehmen, zieht sich die Schlinge um dessen Hals weiter zu. Die eigenen Eltern können dem Kind auch kaum helfen. Und wenn nichts geschieht, denken alle, das Opfer eingeschlossen, dass also ganz in Ordnung sein muss, was da läuft. Auch wenn für die Sicherheit und Unantastbarkeit des Opfers, das der Schulpflicht unterliegt, nicht mehr gesorgt ist.

Opfer können nur «falsch» reagieren!

Das Opfer reagiert in seiner größer werdenden Hilflosigkeit immer inadäquater: Entweder es schreit, weint, zetert, rastet aus, randaliert, dreht sich immer tiefer hinein in die Spirale der sowieso schon ausweglosen Situation. Dann ist es für den Täter ein Leichtes, seine Mitschüler (und sogar die Lehrer) davon zu überzeugen, dass das Opfer verachtenswert ist.

Oder aber das Opfer resigniert, tut nichts, weicht aus, zieht sich zurück, wird immer verdruckster, ängstlicher, empfindlicher, blasser, stiller, schlechter gelaunt, möglicherweise fleißiger und strebsamer. Dann heißt es: «Guck mal, der wehrt sich nicht mal.» Das kommt bei den Mitschülern auch nicht gerade gut an.

Und tatsächlich sinkt die Beliebtheit der Mobbing-Opfer stetig: Je länger sie sich in der Rolle befinden, desto unbeliebter werden sie bei ihren Mitschülern. Für einen Menschen, der erlebt, wie sich eine ganze Gruppe gegen ihn positioniert, ist es kaum mehr möglich, auch nur ernsthaft in Erwägung zu ziehen, dass er selbst ganz in Ordnung ist und die anderen falschliegen. Insbesondere ein Kind nimmt die Schuld auf sich, sucht nach Fehlern bei sich selbst – und schwächt sich selbst dadurch immer mehr.

Eines Tages ist es dann so weit: Selbst wenn das Opfer sein Verhalten ändert und plötzlich cool und souverän auf die Attacken des Mobbers reagiert, ihn stehen lässt oder belächelt, vielleicht sogar eine schlagfertige Antwort parat hat, werden die Mitschüler ihre Einstellung ihm gegenüber nicht mehr ändern – es nicht mal mehr bemerken. Denn einmal gefasste negative Sichtweisen sind auch unter Kindern und Jugendlichen auffällig resistent gegen Veränderung.

Physische Aggression

Verbale Aggression

Soziales Ausschließen

Indirekte Aggression

Indirekte Aggression

Bilder, die zur Mitschülerbefragung der Kinder in Grundschulen ausgeteilt werden und mit deren Hilfe jeder Schüler benennt, welche Kinder die dargestellten Verhaltensweisen zeigen. Das Ausmaß übereinstimmender Nennungen zeigt, welche Rolle die Kinder im Klassengeschehen einnehmen.

Auf einen Blick

- Jeder kann Opfer von Mobbing werden, denn jeder hat Stärken oder Schwächen, die jemand, der es darauf anlegt, gegen die Person verwenden kann.
- Es sind nicht bestimmte Eigenschaften, die ein Kind zum Opfer machen. Ein Opfer ist niemals selbst schuld an seiner Situation.
- Opfer von Mobbing zu werden, ist stark vom Kontext, in dem sich Kinder aufhalten, abhängig und wird nicht durch das Verhalten der Opfer, sondern durch die geschickte Auswahl und die persönlichen Interessen der Täter ausgelöst.
- Das Opfer hat als einzige Person im Mobbing-System nicht die Möglichkeit, seine Rolle selbst zu wählen.
- Das Opfer wird isoliert.
- Das Opfer kann sich nicht selbst helfen.
- Das Opfer verhält sich immer unangemessener, lächerlicher und wird stetig unbeliebter.
- In der Grundschule ist die Opferrolle noch nicht stabil, viele Kinder machen über kurze Zeiträume solche Erfahrungen.
- In der weiterführenden Schule bleibt ein Opfer meist Opfer; es hat immer weniger Kontrolle über die eigene soziale Situation, je länger Mobbing andauert.
- Mobbing darf nicht mit sozialer Ablehnung verwechselt werden; soziale Ablehnung trifft Kinder, deren Verhalten gegen die sozialen Normen verstößt: Mitschüler reagieren darauf oft mit Missfallen, aber selten mit Aggression.

3 Täter wollen Macht

Andere fertigmachen

Alles nur Kleinigkeiten – auf den ersten Blick

Katharina schweigt zu Hause hartnäckig darüber, dass sie kaum noch Gleichaltrige außerhalb der Schule sieht. Ihre Mutter bemerkt sorgenvoll, wie still ihre Tochter geworden ist. Wenn Katharina nachmittags wieder eine Absage kassiert und das Telefon ganz leise zurück auf die Station stellt, blutet der Mutter das Herz. Aber sie findet, die Kinder sollen ihre Konflikte selbst austragen. Außerdem ist sie wieder schwanger und bekommt ihr drittes Kind, Carolin, als Katharina in die vierte Klasse geht.

Manchmal denkt sie, wie unglaublich es ist, dass zwei Schwestern so unterschiedlich sein können. Ihre andere Tochter, Anna, zwei Jahre jünger, ist ganz anders. Sie ist unkompliziert, macht ihr Ding, da muss man sich überhaupt keine Gedanken machen. Ständig klingelt das Telefon: Kann ich bitte mal Anna sprechen? Anna ist fast jeden Nachmittag verabredet und natürlich auf allen Geburtstagen ihrer Mitschüler eingeladen.

Für Katharina ist das schlimm. Besonders, wenn die Freundinnen ihrer Schwester zu ihnen nach Hause kommen, sich in Annas Zimmer zurückziehen und die Tür zumachen, um ungestört zu reden und zu kichern. Sie haben natürlich keine Lust, die große Schwester dabeizuhaben. Katharina und Anna haben so wenig gemeinsam, dass niemand überhaupt auf die Idee kommen würde, sie wären Geschwister.

Katharina allerdings kann manchmal ihre Eifersucht kaum unterdrücken, und dann fühlt sie sich wie ein schlechter Mensch. In ihrer Klasse werden die Einladungen zu Geburtstagspartys nun demonstrativ ausgeteilt, so dass alle – Katharina natürlich eingeschlossen – merken, dass sie als Einzige nicht eingeladen ist. Das tut weh. Und mit der Zeit werden auch die Ausreden der Mitschüler immer fadenscheiniger, keiner gibt sich mehr Mühe, Katharina nicht zu verletzen. Manchmal fragt sich Katharina, ob es Hass ist, das sie empfindet, wenn sie an Jennifer denkt. Sie hofft, dass es nicht so ist.

Weil Katharina niemanden zum Kichern und zum Schminken und zum Shoppen hat, macht sie sich nichts aus diesen Dingen. Sie ist das einzige Mädchen in ihrer Stufe, das kein Make-up benutzt und sich nicht für Boy-Bands interessiert. Das macht sie immer mehr zur Außenseiterin. Aber niemand fügt ihr ein Leid zu, das sie beim Namen nennen könnte. Wie soll sie ihren Mitschülern vorwerfen, dass sie nichts mit ihr zu tun haben wollen? Außerdem wird sie weiterhin im Sport in die Mannschaften gewählt. Sie ist gut, und die anderen sehen das. Beim Völkerball ist sie fast immer die Abgesandte: die, die außerhalb des Feldes steht und die Gegner mit dem Ball abwirft; die, die am Schluss, wenn das Feld leer ist, noch reingeschickt wird, um das Spiel zu retten. Es sind solche Momente, die ihr helfen, über den restlichen Schulalltag hinwegzukommen.

Dann kommt Katharina aufs Gymnasium. Das rechteckige langgestreckte Gebäude mit dem Flachdach leuchtet weiß in der Sonne, im Hintergrund hebt sich die gezackte Linie der Berggipfel vom bayerisch blauen Himmel ab. Ein Idyll. Für

Katharina ist aber vor allem entscheidend, dass die Schule nun sehr viel näher an ihrem Elternhaus liegt als die Grundschule, auf ihrer Seite des Dorfs sozusagen. Das wird später eine Erleichterung für sie sein, weil es ihr ersparen wird, Leute aus dem Dorf zu treffen.

Sie kommt mit Jennifer in dieselbe fünfte Klasse. Jennifer hat mittlerweile einen Ring von Mädchen um sich geschart, die nicht mit Katharina sprechen. Wenn Katharina auf dem Schulhof auf eine Gruppe Mitschülerinnen zugeht, schweigen plötzlich alle. Oder die Gruppe löst sich auf und geht auseinander. Oder die Mädchen wenden sich ab und schließen den Kreis wieder ohne sie, indem sie ihr den Rücken zudrehen. Sie machen unmissverständlich klar, dass sie keinen Wert auf ihre Anwesenheit legen.

Ein zweiter Täter

Florian ist jetzt auch in ihrer Klasse. Katharina kennt ihn von der Grundschule her. Sie sind zusammen Ski gefahren – das ist ein Unterrichtsfach in den Alpen –, und bei der Gelegenheit hat er sie im Sessellift geküsst. Oder sie haben sich gegenseitig geküsst, aber nur, wie man sich in der Grundschule so küsst: fast ganz unschuldig.

Katharina geht davon aus, dass Florian nichts gegen sie hat. Der Junge ist klein und schmächtig und darüber nicht so glücklich. Zum Ausgleich hat er sich eine schnelle, böse Zunge zugelegt: Er kann wirklich ziemlich witzig sein, aber er schont niemanden. Weil Katharina einem Lehrer einmal die Tür aufhält, ätzt Florian über Katharina, man könnte sie ja «James Null Null Nichtsnutz – Ich treffe niemanden außer mich selbst» nennen. Das finden die Mitschüler ultrakomisch.

Von da an nennen alle in der Klasse Katharina nur noch James und schreiben auf die Klotüren: «James stinkt», «James ist eklig» und «Igitt, ich muss mit James in einer Klasse sein».

Jennifer und Florian machen gemeinsame Sache, und weil sie sehr beliebt sind, schließt sich die ganze Klasse ihnen an. Nun werden die Handlungen der Mitschüler immer frecher, aggressiver, unverhohlener. Die meisten finden es witzig, Katharina zu ärgern. Sie klauen ihr, die so viel Wert auf ihre Sachen legt, ihren Lieblingsfüller und bringen sie zur Weißglut. Im Winter verstecken sie ihre Mütze oder ihre Handschuhe, im Sommer lassen sie die Luft aus ihren Fahrradreifen.

Katharina hält ihr erstes Referat. Die Mitschüler schmeißen mit Papierkügelchen, sie buhen sie aus, sie pfeifen und sie lachen sie aus. Katharina kommt aus dem Tritt, stottert, fängt sich wieder, kann sich aber eine Weile lang kein Gehör verschaffen. Die Lehrerin fordert die Klasse auf, ruhig zu sein, und als sie sich durchgesetzt hat, gibt sie Katharina eine Vier, weil sie aus dem Konzept gekommen ist und der Vortrag nicht flüssig war.

In den folgenden zwei Jahren lässt die Klasse sich immer neue Demütigungen für Katharina einfallen: Sie hat die Angewohnheit, wenn sie sich meldet und drangenommen wird, einleitend zu sagen: «Ich hab da mal eine Frage.» Wenn sie also drankommt, sagt die ganze Klasse laut: «Ich hab da mal eine Frage.» Wenn Katharina sich auf den rechten Arm stützt, stützt sich die ganze Klasse auf den rechten Arm. Wenn Katharina ein Bein über das andere schlägt, schlägt die ganze Klasse ein Bein über das andere. Wenn Katharina sich zurücklehnt, lehnt sich die ganze Klasse zurück.

Dann kommt ein neues Mädchen in die Klasse. Katharina freut sich, wie sie sich jedes Mal freut, wenn jemand neu in die Klasse kommt, denn sie könnte ja mal Glück haben.

Und es fängt an wie immer: Das Mädchen mag Katharina. Sie weiß ja nichts von all dem, was vor sich geht, und freundet sich mit Katharina an. Sie verabredet sich mit Katharina, die beiden gehen nachmittags Eis essen oder Fahrrad fahren, sie wandern und besteigen die umliegenden Gipfel, sie kichern und reden ununterbrochen. Es ist toll, Katharina merkt, wie sehr ihr das gefehlt hat. Das Mädchen lädt sie sogar zu ihrem Geburtstag ein. Die erste Geburtstagsfeier seit Jahren, zu der Katharina geht.

Dann kommt es wie immer: Eines Tages sagt das Mädchen am Telefon, dass es keine Zeit hat. Ein anderes Mal sind die beiden verabredet, aber das Mädchen taucht nicht zum vereinbarten Zeitpunkt auf. Katharina ruft an, ob etwas dazwischengekommen ist. Die Mutter des Mädchens ist am Telefon. Sie sagt zu Katharina, sie solle ihre Tochter bitte in Ruhe lassen, denn diese habe kein Interesse daran, mit ihr weiterhin Zeit zu verbringen. Sie habe ja schon versucht, anderen zu schaden, sie möge ihre Familie doch bitte nicht mehr belästigen.

Katharina legt den Hörer auf und schluckt. Sagen kann sie nichts zu der Mutter ihrer ehemaligen Freundin, sie kennt das ja schon. Sie könnte heulen. Wenn sich nur einer wenigstens mal die Mühe machen würde, ihr ins Gesicht zu sagen, dass er oder sie sich nicht traut, mit ihr befreundet zu sein. Oder wenigstens, dass sie blöd ist. Oder arrogant. Oder zu schlau. Irgendetwas, womit sie etwas anfangen könnte.

Alles, was Katharina weiß, ist, dass sie nicht reinpasst, irgendwie.

Sie kann nicht mehr. Und das sagt sie auch zu Hause, zum ersten Mal. Sie weint und sagt zu ihrer Mutter: «Ich würde mich am liebsten umbringen.»

Die zweite Runde ist noch schlimmer

Maximilian geht es gut in seiner neuen Klasse. Endlich Ruhe, auch für seine Eltern. Nicht mehr jeden Morgen Diskussionen darüber, ob er sich gut fühlt oder nicht, in die Schule geht oder nicht. Denn dort warten nicht die vielen gewohnten gehässigen Bemerkungen über seine Kleidung, keine Schläge in den Unterleib. Der Junge fängt sogar an, sich wieder für den Unterricht zu interessieren. In Mathe ist er kein Genie, aber die anderen Fächer fallen ihm leicht.

Doch das Glück hält nur zwei Wochen. Dann passiert genau dasselbe wie damals, in der ersten Klasse, weil er eben ein Dickkopf ist: Er sagt, dass er Harry Potter langweilig findet und lieber Bücher über den Holocaust liest. Das finden die anderen blöd, denn damit können sie nichts anfangen. In der Pause hält Maximilian sich heraus, wenn Fußball gespielt wird. Er ist jetzt nicht mehr so ostentativ dagegen, aber er tut auch nicht so, als ob er Fußball gut finden würde. Er kann ja auch gar nicht spielen.

Einer der Jungs findet heraus, dass Maximilian reitet. «Was für eine Pussy du bist», sagt er.

Es formiert sich eine neue Gruppe von Gegnern. Dieselben Gründe, dieselben Aktionen: Die Beschimpfungen fangen beim «Scheißbullensohn» an und hören beim «Stück Scheiße» auf. Die Angriffe werden immer schärfer, immer körperlicher.

Weil Maximilian nicht gut zeichnen kann, macht sich seine Lehrerin über ihn lustig, vor der ganzen Klasse. Danach geht es erst richtig los, als hätte sie ihre Erlaubnis gegeben. Wieder rempeln die anderen ihn an, wo sie können, wieder treten sie ihn, schlagen sie ihn, verhöhnen sie ihn. Dies Mal fühlt es sich allerdings noch schlimmer an, weil Maximilian nicht mehr das Zutrauen hat, dass irgendjemand ihm je wird helfen können. Liegt es vielleicht doch an ihm? Er schwankt zwischen Selbstzerfleischung und Wut. Und fühlt sich zunehmend in die Enge getrieben.

Eines Tages fängt er an, zurückzuschlagen. Er rastet aus und läuft hinter denen her, die ihn beschimpfen. Er benützt seine Ellbogen, seine Knie, seine Füße. Er wird hysterisch, überempfindlich, beklagt sich mit schriller Stimme. Die Lehrer sind genervt. Jetzt haben sie ihn schon in einer anderen Klasse untergebracht, und er kapiert nicht, was von ihm erwartet wird. Sie scheinen auch immer nur ihn zu sehen, wie er um sich schlägt und sich beschwert. Er bekommt Zurechtweisungen und Klassenbucheinträge. Er wird wieder schlecht in der Schule, weil er sich nicht konzentrieren kann und nachmittags zu erschöpft und frustriert ist, um die Hausaufgaben zu machen.

Morgens weigert er sich wieder, zur Schule zu gehen. Heulen. Streit. Familiendrama. Seine Mutter möchte, dass er geht, aber sie bringt es nicht übers Herz, ihn hinzuschicken, wenn er so ein Theater macht. Sein Vater hingegen macht Druck, und wenn Maximilian dann weint, verliert der Vater die Nerven und sagt, das führe doch zu nichts, es mache alles noch viel schlimmer. Es kommt zu erbitterten Kämpfen zwischen Vater und Sohn.

Die Schule mahnt: Wenn Maximilian weiterhin dauernd fehlt und die Hausaufgaben nicht erledigt, wird er schlechte Noten bekommen und nicht auf das Gymnasium gehen können. Ende der vierten Klasse erhält Maximilian die Realschulempfehlung.

Die Kinder, die ihn fertiggemacht haben, werden wieder in seiner Klasse sein.

Der Lehrer heizt die Situation noch an

Katharinas Mutter war bis jetzt nicht wirklich klar gewesen, wie es um ihre Tochter stand. Sie wuchs selbst hier im Dorf auf, besuchte die Grundschule und das Gymnasium und weiß seither, dass die Menschen aus den Bergen intolerant und stur sein können. Sie hat immer versucht, sich möglichst herauszuhalten. Vielleicht hat sie deshalb einen Mann geheiratet, sagt sie, der in Duisburg geboren ist und erst seit seinem zwölften Lebensjahr in Bayern lebt; seine Mutter starb, und sein Vater schickte ihn zur Oma ins Allgäu. Einen Mann aus dem Dorf hätte sie nicht gewollt, sagt sie.

Ein Bergvolk, das hinterwäldlerisch ist, aber reich – diese Kombination ist ihr zutiefst suspekt. Katharinas Mutter wirkt wie ein Mensch, dem seine Familie und vielleicht ein, zwei Freundinnen genügen. Als könnte der Rest der Welt ihr wenig anhaben.

Doch nun kommt ihre Tochter, die erst elf Jahre alt ist, nach Hause und spricht von Selbstmord. Als sie nachfragt, bricht es aus dem Mädchen heraus. Jennifer, Florian und mit ihnen alle Mitschüler sind gegen sie. Keiner ist auf ihrer Seite, keiner verteidigt sie, keiner nimmt sie je in Schutz, alle hacken auf ihr herum. Sie lassen keine Gelegenheit aus, ihr die Schule zur Hölle zu machen.

Dabei hat sie nicht einmal mehr die Neurodermitis, das Ekzem ist abgeheilt, als sie zehn Jahre alt war. Asthma ist an die Stelle getreten, und allergisch auf Pollen ist sie sowieso, deshalb hat sie ständig Heuschnupfen.

Der Klassenlehrer, den die Mutter damals auch schon in Englisch hatte, nimmt die Allergie seiner Schülerin einmal zum Anlass, sich über sie zu beschweren. Als er sich einen Stift ausleihen möchte und sie ihm hilfsbereit einen hinhält, dabei aber niesen muss, putzt er sie vor der Klasse runter: «Du bist krank, Katharina, und bietest mir deinen Stift an? Du glaubst doch nicht, dass ich den jetzt nehme und mich bei dir anstecke?»

Für Katharina ist das schlimm. Einerseits, weil die Klasse mit beißendem Spott reagiert: «Hey James Null Null Nichtsnutz, jetzt finden nicht einmal die Lehrer deine Schleimereien noch gut.» Andererseits, weil es sie tatsächlich immer getröstet hat, dass wenigstens die Lehrer sie gern mochten. Sie geht zum Vertrauenslehrer und erzählt ihm von dem Vorfall.

In der nächsten Englischstunde stellt sich der Lehrer vor die Klasse: «Ein süßes kleines Mäuschen hat dem Vertrauenslehrer gesteckt, ich hätte mich nicht korrekt verhalten. Wenn das noch einmal vorkommt, wird das Konsequenzen haben für das süße kleine Mäuschen.»

Zu diesem Mann, dem Klassenlehrer, geht Katharinas Mutter nun in ihrer Not. Sie sagt: «Meine Tochter wird von ihren Mitschülern fertiggemacht. Sie demütigen sie. Sie schließen sie aus. Es ist so schlimm, dass sie davon spricht, sich umzubringen.» Er schüttelt den Kopf, kann nicht glauben, sagt er, was sie ihm da erzählt. Verblüfft versichert er ihr, besonders in dieser Klasse sei der Zusammenhalt so vorbildlich. Wieder schüttelt er den Kopf. Er verspricht Katharinas Mutter, sich um die Angelegenheit zu kümmern. Einigermaßen beruhigt verlässt Katharinas Mutter nach dem Gespräch die Schule.

Bei der nächsten Gelegenheit stellt der Lehrer sich vor die Klasse und sagt, es gebe da ein Phänomen, das heiße Mobbing, es komme in Firmen und auch in Schulen vor. Er habe gehört, es käme sogar in dieser Klasse vor. Er bitte doch darum, das zu unterlassen.

Nach der Stunde kommt Florian zu Katharina und sagt: «Du kannst deiner Scheißmutter sagen, dass wir dich trotzdem fertigmachen.»

Maximilian kann nicht mehr

Im Dezember ist Maximilian fast ein halbes Jahr auf der Realschule. Es ist eine «Kümmerschule», sagen die Lehrer hier. Viele Kinder, die hierherkommen, stammen aus problematischen Verhältnissen.

Bereits in den ersten Wochen nach den Sommerferien hat sich Maximilians Mutter beim Klassenlehrer und bei der Direktorin gemeldet und von Maximilians bisherigen Schulschwierigkeiten und von seinem «Anderssein» berichtet. Die Schule reagiert mit Vorbehalten. Sie haben dort, sagen sie, krassere Fälle. Um einiges krasser sogar. Die Dreizehnjährige, die nicht zur Schule kommt, sondern rauchend durch die Stadt läuft und am Ende ist. Sie lebt mit ihrer Mutter allein, die mit dem normalen Leben nicht und mit ihrem Kind schon gar nicht fertig wird. Oder die Elfjährige, die mit ihrer Mutter bei Nacht und Nebel verschwinden musste, weil der Mann sie schlug und ein anderer Mann sie retten wollte. Die dann wieder bei Nacht und Nebel mit ihrer Mutter fliehen musste, weil der neue Mann sie wieder schlug, nur noch härter.

Für Maximilian spielt es keine Rolle, dass es Kinder an der Schule gibt, die es noch schwerer haben. Sein Alltag: Im Textilunterricht fühlen seine Gegner sich besonders stark. Die Lehrerin ist schon lange im Schuldienst und hat keine große Lust mehr, sich mit den Konflikten Heranwachsender zu beschäftigen. Lieber überhört sie mal dies und mal das.

Nur wenn es gar nicht anders geht, mischt sie sich ein. Meistens ist es dann so, dass sie Maximilian dabei sieht, wie er schimpft oder um sich schlägt oder einen Gegenstand nach einem anderen Kind wirft. Die anderen Kinder haben längst herausgefunden, dass sie ihn leicht provozieren können – und richten es dann so ein, dass nicht sie erwischt werden, sondern er.

Die Lehrerin ermahnt ihn also ständig, und mit jedem dieser Erlebnisse wächst seine Frustration über die Ungerechtigkeiten, die er erlebt. Wenn ihn gerade wieder einer seiner Gegner mit einer Nadel gestochen oder ihn beschimpft hat und er, blind vor Zorn, dem anderen während des Unterrichts durch die ganze Schule hinterhergelaufen ist und ihn gejagt hat, bis schließlich wieder er von einem Lehrer angehalten worden ist, der ihn gefragt hat, was das solle.

Die Klasse wird immer dreister. Die Schüler klemmen ihn im Textilraum zwischen das Pult und die Wand ein und halten das Pult so fest, dass es ihm bei jedem Versuch, sich zu befreien, stärker in den Bauch drückt. Er bekommt Angst und versucht mit aller Kraft, sich zu befreien. Dann lassen die anderen plötzlich los, und der Tisch fällt mit lautem Rumpeln um. Die Lehrerin betritt den Raum und sagt: «Maximilian, denk doch mal an die Klasse unter uns.»

Die Schule findet, dass Maximilian «höchst sensibel und unvorhersehbar reagiert, wobei er auch andere ärgert und provoziert». Es kann kein «systematisches Mobbing» verifiziert werden. Maximilian soll, der Vollständigkeit halber, ein Mobbing-Tagebuch führen, in dem er von den Dingen berichtet, die ihm angeblich passieren, so konkret wie möglich. Denn tatsächlich hat die Schule keine Handhabe ohne handfeste Beispiele.

Maximilian hat aber keine Lust, so ein Tagebuch zu schreiben. Flüchtig und schlampig listet er auf: «Montags werde ich immer geschubst, dienstags immer beschimpft, mittwochs gejagt ...»

Kein anschauliches Beispiel, kein Fall, kein Detail. Dabei kann Maximilian Geschichten schreiben wie kein anderer, er kann sogar vom leeren Blatt ablesen und aus dem Stegreif eine spannende, runde Geschichte erfinden. Die Schule folgert: «Seine Aufzeichnungen sind wenig konkret. Die Vielzahl der Vorwürfe machen eine detaillierte Aufarbeitung unmöglich.»

Zu Hause ist die Situation beinahe unerträglich geworden: Die Mutter, die die Nöte ihres Sohnes spürt, ihm aber nicht helfen kann. Die Schwestern, die zusehen, wie sich alles um ihren kleinen, fordernden Bruder dreht. Der Vater, der seinen Sohn nicht verstehen kann und sich misstrauisch fragt, wie viel der Junge selbst dazu beiträgt, dass die Lage so verfahren ist. Die Eltern, die sich immer öfter streiten, weil sie sich so uneinig über Maximilian sind. Und Maximilian, der das alles auch spürt und anfängt, seine Wertlosigkeit zu betonen.

Er sagt, mit einer weichen, verletzlichen Stimme, mit der er nur noch selten spricht: «Es wäre besser, wenn ich nicht existieren würde.»

Die Welt der Täter

Nicht dumm und stark, sondern schlau und sozial kompetent

Lange Zeit ging man davon aus, dass einer, der einen anderen mobbt, es nötig hat: Er kompensiere seine eigenen Defizite, sagte man. Es gab verschiedene Thesen, die alle auf dieselbe Schlussfolgerung hinausliefen: Ein Mobber ist eigentlich ein armes Schwein. Er muss große Probleme haben, entweder weil er stark und dumm ist oder es ihm an Selbstwertgefühl mangelt. Vielleicht wird er zu Hause unterdrückt und findet in der Schule ein Ventil für seine Frustration. Oder der Vater ist abwesend oder die Mutter überfordert, die Eltern streiten oft oder setzen ihn unter Erfolgsdruck. Er könnte auch ein Migrantenkind sein, dessen Eltern kein Deutsch sprechen, kein Geld haben, in einer anderen Kultur leben. Jedenfalls wolle er sich besser fühlen, irgendwo jemand sein und herausfinden, dass und wie er sich auf Kosten anderer profilieren und seinen Status ernorm aufwerten kann.

Doch dann fand man auch sehr clevere Täter aus stabilen, gutbürgerlichen, harmonischen Elternhäusern, in denen die Mutter viel Zeit hatte und in denen die Kinder Klavierstunden bekamen, also keineswegs vor dem Fernseher verwahrlosen mussten. Und das waren nicht die Ausnahmen.

Mittlerweile weiß man, dass ein Täter sich ziemlich schlau anstellen muss, um erstens ein geeignetes Opfer zu finden –

also keinen, der vielleicht cool zurückschlägt oder ihm verbal überlegen ist – und zweitens eine Klasse davon überzeugen zu können, dass sein aggressives Verhalten, das eigentlich als normabweichend und darum unangenehm empfunden wird, den Mitschülern akzeptabel und irgendwann sogar als gerechtfertigt erscheint. Er oder sie müssen über enorme manipulative Fähigkeiten verfügen und die Reaktionen der Mitschüler ziemlich genau antizipieren können: Wer hilft wem? Wie viele mischen sich wie ein? Wie lasse ich das Opfer als Weichei dastehen, damit die anderen sich auf meine Seite schlagen?

Zur Manipulation anderer braucht man gute Einsicht in ihr Denken und Fühlen.

Ein zweites Gedankenexperiment

Erinnern wir uns an Anton und Phillip. Anton hat in der Grundschule verschiedene Kinder als Opfer ausprobiert und sich ein bisschen mit unterschiedlichen Methoden vertraut gemacht, die Sympathien der Klasse auf sich zu ziehen und sie von Phillip und anderen abzuziehen. Anton hat sich auch das eine oder andere Mädchen als Zielscheibe gesucht. Denn es kommt, vor allem in der Grundschule, auch vor, dass Jungs Mädchen fertigmachen. Umgekehrt geschieht das kaum – so ist es zumindest den Antworten der Jungen bei Befragungen zu entnehmen.

Es ist allerdings so, dass gerade in Grundschulen Kinder sich selbst als Opfer wahrnehmen, die von anderen nicht als solche wahrgenommen werden, und umgekehrt nehmen sich Kinder nicht als Opfer wahr, die von anderen durchaus als solche wahrgenommen werden. An weiterführenden Schulen existiert eine viel größere Übereinstimmung von Selbst- und

Fremdbild bei Opfern – auch eine Erklärung dafür, dass die Rolle dann immer unausweichlicher für das Opfer wird.

Anton jedenfalls hat in der Grundschule kein wirklich geeignetes Opfer gefunden. Anton kommt, das wissen wir, aus einem gut funktionierenden Elternhaus. Sein Vater ist beispielsweise als Röntgenspezialist erfolgreich und verdient gutes Geld, die Mutter arbeitet als Teilzeitlektorin und schafft es, an drei Nachmittagen in der Woche mit Anton zu Hause zu sein.

Anton spielt im Verein Fußball, und er ist gut. Phillip ist auch mal in dem Fußballverein gewesen, aber er hat kein Talent. Er ist wieder ausgetreten. Das war keine gute Erfahrung für ihn, und die anderen Jungs haben ihn deshalb auch schon oft aufgezogen.

Phillips Freunde, für die Anton sich auch interessiert, spielen ebenfalls Fußball. In der fünften Klasse wird das plötzlich immer wichtiger. Samstags morgens hat die Jugendmannschaft häufig Spiele. Da übernachten die Jungs, mit denen Phillip eigentlich befreundet ist, manchmal bei Anton, dann bringt Antons Mutter die drei zusammen am nächsten Morgen zum Fußballplatz. Oder Anton übernachtet bei einem von ihnen, was genauso praktisch ist.

Anton hat immer bessere Karten bei Phillips Freunden. Sie gewinnen zusammen oder sie verlieren zusammen. Der Sport bringt sie einander näher.

Weihnachten ist eine große Feier im Clubhaus, mit Bingo und Tombola. Die Trainer halten aufmunternde, zum Teil begeisterte Reden auf ihre jeweiligen Jugendmannschaften. Anton wird sehr gelobt, er sei eine solche Stütze seiner Mannschaft. Natürlich steigt er in der Achtung seiner neuen Freunde enorm.

Jetzt könnte Anton, beliebt wie er ist, eigentlich zufrieden sein. Ist er aber nicht. Er mutmaßt, instinktiv, dass er sich noch beliebter machen könnte, wenn er dafür sorgt, dass Phillip unbeliebter wird. Und er merkt, dass die Jungs, die bis vor kurzem eigentlich noch mit Phillip befreundet waren, ab und zu abfällige Bemerkungen über ihn machen – und sich dadurch selbst überlegen fühlen können. Dass Phillip ein Schwächling ist, sagen sie, und dass er keinen Mumm hat, weil er den Zweikampf scheut. Sie steigern sich in ihre Überlegenheit hinein, nennen ihn Streber. Und Schwuchtel. Das trifft Phillip hart.

Phillip, der seine Freunde sozusagen los ist, könnte nun das perfekte Opfer werden. Anton müsste die Gelegenheit nur beim Schopf ergreifen und gegen Phillip Stimmung machen. Ein: «Du bist doch schwul» vor einigen aus der Klasse würde reichen. Die würden sich kaputtlachen und munter mitspotten. Und die Jungs, die mit Phillip befreundet waren, müssten nur ein bisschen aus dem Nähkästchen erzählen und den anderen beibringen, dass Phillip ein Muttersöhnchen ist, der immer brav ist zu Hause, den Tisch deckt, sein Zimmer aufräumt und all das.

Wären Phillips Freunde nicht auch in der Fußballmannschaft, sondern würden zusammen mit Phillip Tennis spielen und am Wochenende auf Tennisturniere fahren und immer wieder bei ihm übernachten, würde aus der lockeren Freundschaft eine feste und starke werden, und Anton hätte niemals eine Chance, Phillip zu isolieren. Und dann wäre Anton wahrscheinlich auch gar nicht auf die Idee gekommen, ausgerechnet Phillip fertigzumachen.

Täter bleiben aggressiv, wenn ihnen niemand entgegentritt

In Studien konnte man über einen Zeitraum von sechs Jahren nachweisen, dass Kinder, die in der Grundschule Täterqualitäten gezeigt haben, diese in der weiterführenden Schule oft beibehalten, während für die Opferrolle keine Vorhersage möglich war. Anton wird immer latent darauf lauern, sich Macht zu verschaffen. Phillip hingegen ist nur Opfer in einer bestimmten Konstellation.

Daten aus der weiterführenden Schule zeigen eine verschärfte Situation. Schüler, die in der neunten oder zehnten Klasse als Opfer oder Täter identifiziert werden, hatten diese Rolle häufig schon in der sechsten oder fünften Klasse inne. Interessant ist dabei vor allem, dass der Einstieg in die weiterführende Schule die Weichen stellt. Wer in der fünften und sechsten Klasse als Opfer oder Täter identifiziert wurde, hat deutlich verringerte Chancen, aus seiner Rolle herauszukommen.

Es ist also so: Für die, die in der weiterführenden Schule einmal als Opfer auserkoren sind und in derselben Konstellation verbleiben, stehen die Chancen auf Veränderung schlecht – es sei denn, jemand mischt sich nachhaltig ein. Die, die schon in der Grundschule andere attackieren, sind auch in der weiterführenden Schule angriffslustiger als ihre Mitschüler – und bleiben es langfristig, wenn sie niemand stoppt und ihnen klare Grenzen setzt.

Neue Forschung zur sozialen Dominanz ergänzt das Mosaik der Erklärungen: Wenden kleine Kinder zum Erreichen ihrer Ziele immer direkte, fordernde Strategien an («einen Bagger, den ich haben will, nehme ich mir»), wird das noch weitgehend von den Gleichaltrigen akzeptiert. Denn so verhalten sich die meisten Kinder in dem Alter. In der Kindergarten- und beginnenden Grundschulzeit wird dann zumeist exploriert: Neben den aggressiven Strategien ermöglicht der soziokognitive Entwicklungsstand jetzt auch den Einsatz so genannter prosozialer Strategien: Man tut dem anderen etwas Gutes. Solche Handlungen werden von den Mitschülern mit deutlich positiveren Reaktionen honoriert als die aggressiven Strategien.

Es hängt vom Individuum, aber auch maßgeblich von der Reaktion der Umgebung ab, was zur favorisierten Strategie wird, die sich um das achte Lebensjahr herum zum Erwerb von Dominanz manifestiert. Da genau ist Prävention möglich, und so ist dies ein besonders triftiges Argument für Vorsichtsmaßnahmen bereits in der Grundschule. Denn wenn einer mit aggressiven Strategien schon früh Erfolg hatte, probiert er immer weiter aus, exploriert, mit welchem Verhalten und gegenüber welchen Personen er sich etwas erlauben und wie weit er selbst gehen kann. Sucht er ein Opfer und wird fündig, muss er seine Methoden nur noch perfektionieren.

Kaum zu erkennen: die Machiavellisten

Einfluss, Erfolg, Macht, Geld – all das ist in unserer Gesellschaft nicht negativ, sondern eher positiv besetzt. Wer sich innerhalb der Grenzen sozialer Akzeptanz verhält, also irgendwie überzeugend darlegen kann, dass sein Verhalten nicht gegen soziale Normen verstößt, ist meistens gut angesehen. Für solche, die sich nicht behaupten, ist in einer Gesellschaft wie unserer, die nur noch wenige Züge einer Solidargemeinschaft hat, immer weniger Platz.

Wie ausgeprägt nun Geltungsbedürfnis und Machtstreben sind, ist in einer Population ungleich verteilt. Die Art und Weise, in der Menschen sich behaupten und durchsetzen, ist ebenso unterschiedlich. Man unterscheidet, wie schon angedeutet, zwei Strategien, um an Macht zu gelangen: durch Zwang und Druck oder freundlich unterstützend. Der eine agiert aggressiv und erhöht sich auf diese Weise selbst und über andere. Der andere handelt so, dass die Gruppe einen Vorteil davon hat. Der eine wird im Extremfall vielleicht zum Mobber und der andere zum Klassensprecher. Der eine braucht Opfer, um seine Überlegenheit möglichst effizient zu demonstrieren. Wichtig dabei ist die Zustimmung der Gruppe. Der andere braucht keine Opfer, aber auch eine zustimmende Gruppe. Der eine wird Anführer, weil er aggressiv genug ist, um einen hohen sozialen Status zu erreichen, der andere wird Anführer, weil er nichtaggressive Führungsqualitäten hat. Beide sind sie gleichermaßen interessiert an Popularität, und das ist für andere auch nicht schwer zu erkennen.

Dominanz hat zwei Gesichter: Die einen fühlen sich für andere Menschen verantwortlich, die anderen unterdrücken sie.

Nicht so einfach zu erkennen ist es, wenn Menschen die dritte und mitunter effektivste Variante benutzen, an die Macht zu kommen: beide Strategien miteinander zu verbinden. Solche Menschen sind in der Öffentlichkeit charmant und klug und kompetent. Nur dann, wenn niemand zusieht, fahren sie ihre Krallen aus. In der Schule sind es die Schüler, die von den Lehrern und ihren Eltern als harmlos verkannt werden, weil sie sich in der Klasse gut benehmen und auf dem Schulhof hinterrücks aggressiv sind. Die aktuelle Mobbing-Forschung befasst sich zur Zeit besonders intensiv mit der Frage, in welchem Ausmaß diese Typen, die unter Fachleuten als Machiavellisten bezeichnet werden, erfolgreiche Mobber sind. Denn sie sind fit – häufig auf Kosten anderer –, lernen aber langfristig das Falsche, weil niemand sie in ihre Schranken weist.

Es spielt heutzutage eine geringe Rolle, herauszufinden, in welchem Ausmaß Mobber bösartig sind. Es hilft erstens nicht weiter und ist zweitens auch gar nicht gesagt. Die Bandbreite der Täter reicht von solchen, die Zurückweisung, Schulfrust oder problematische familiäre Hintergründe kompensieren wollen, bis hin zu solchen, die mit hoher sozialer Kompetenz vorgehen, durchaus Führungsqualitäten und große Fangemeinden haben. Es ist davon auszugehen, dass sie gar nicht so sehr daran interessiert sind, einen Menschen in die Verzweiflung zu treiben, sondern daran, sich Macht zu verschaffen und die Bewunderung der Mitschüler zu sichern.

Täter sind selten bösartig, aber häufig clever.

Dan Olweus warnte noch vor den verheerenden Konsequenzen im späteren Leben für Täter: Etliche von ihnen würden auffällig, mit dem Gesetz ständig in Konflikt geraten, keine Autoritäten dulden, von Drogen- und Alkoholmissbrauch gezeichnet. Heute weiß man, dass das nur zur Hälfte stimmt. Zur anderen Hälfte werden aus den Tätern nämlich erfolgreiche Manager.

Diese Kinder verfügen oft über außerordentliche Fähigkeiten, zu erkennen, was andere denken, was sie sich wünschen, glauben oder hoffen. Talente, die die Wissenschaft als «theory of mind skills» bezeichnen. Mithilfe solcher Skills suchen sich die Täter Opfer, die weniger sozialen Rückhalt in der Klasse haben. Dann manipulieren sie die Klasse dahin gehend, dass sie ihre Macht aus deren Zustimmung beziehen und sich gleichzeitig nicht allein dafür verantwortlich fühlen müssen, einen Menschen fertigzumachen.

Es geht also nicht mehr um Schuld und Sühne. Entscheidend ist, dass Täter sich in einer bestimmten Art und Weise verhalten, weil ihnen ihr Vorgehen Erfolg bringt und niemand dem konsequent Einhalt gebietet – und das im Kontext Schule, in dem sonst auf die Einhaltung von Regeln größter Wert gelegt wird. Das Rennen auf Fluren, das Schwätzen im Unterricht, das Nichterfüllen von Aufgaben – all das wird regelmäßig klar und eindeutig kommentiert und sanktioniert.

Wie andere zu Marionetten werden

Die 6a eines Münchner neusprachlichen Gymnasiums ist in zwei Lager gespalten. Ein Teil der Klasse, der sich aus den wenigen zur Klasse gehörenden Jungs und etwa der Hälfte der Mädchen zusammensetzt, empfindet sich selbst als cool und schafft es, dem anderen Teil der Klasse, der aus den restlichen Mädchen besteht, nahezubringen, der uncoole Teil zu sein.

Die erste Party der Klasse soll steigen. Nicht in der Schule, das wäre ja langweilig. Ein paar der Jungs können privat einen Raum organisieren, weil sie bei den Pfadfindern sind. Die Eltern der Jungs müssen allerdings unterschreiben, dass sie für den Raum und die Gegenstände haften. Die Bedingungen: Die ganze Klasse wird eingeladen, und es gibt keinen Alkohol, die Kinder sind ja erst elf und zwölf.

Es wird viel telefoniert vor der Party, es wird während des Unterrichts geflüstert, aber weil auch die Lehrer wissen, dass eine Feier bevorsteht, drücken sie ein Auge zu.

Ein paar Tage vor der Party trifft die Mutter eines der für cool erachteten Jungs die Mutter eines der für uncool erachteten Mädchen.

«Weiß denn Clara schon, was sie anzieht?», fragt die eine die andere Mutter.

«Clara ist gar nicht eingeladen», antwortet die andere Mutter.

«Das kann nicht sein. Dann fühlt sie sich nur nicht eingeladen. Es ist eine Klassenfete. Die ganze Klasse ist eingeladen.»

«Ich glaube nicht, dass die ganze Klasse eingeladen ist. Clara hat erzählt, dass die uncoolen Schüler alle nicht eingeladen sind.»

Die Mutter des vermeintlich coolen Sohnes, der Nick heißt, geht nach Haus und sagt zu ihrem Kind: «Clara fühlt sich nicht eingeladen auf die Klassenfete. Das kann doch gar nicht sein.»

Nick bekommt rote Wangen und blanke Augen, wie immer, wenn er sich in die Enge getrieben fühlt. Er muss gar nichts sagen, die Mutter weiß sofort, dass Clara sich zu Recht nicht eingeladen fühlt. Sie denkt kurz nach, und weil sie zu denjenigen Eltern gehört, die für den Raum bürgen, sagt sie: «Entweder die ganze Klasse wird eingeladen, oder ich unterschreibe nicht für den Raum.»

Nick ruft einen Freund an. Er kommt zurück und sagt: «Wir rufen jetzt alle an, entschuldigen uns und laden sie ein.» Er fügt sogar noch hinzu, dass er es ganz gut findet, dass alle eingeladen werden. Es war nicht seine Idee, die halbe Klasse nicht einzuladen, meint er, eine Handvoll der coolen Mädchen hatte das angeregt.

Nick und sein Freund verbringen den Nachmittag damit, alle anzurufen. Nicks Mutter hört, wie ihr Sohn sagt: «Ja, tut uns leid, das war keine so gute Idee, aber wir würden uns wirklich freuen, wenn du kämst.»

Am Nachmittag des folgenden Tages ruft Claras Mutter bei Nicks Mutter an. Sie erzählt, dass Nick Clara eingeladen hat und dass Clara hocherfreut war und auf jeden Fall auf die Klassenfete gehen wollte.

Am Morgen sei Clara dann auf den Treppen zur Schule von zwei Mädchen aus der Klasse wieder ausgeladen worden.

«Ihr seid zwar gestern auf die Party eingeladen worden», hätten die Mädchen blasiert gesagt, auf der Treppe vor der Schule. «Das liegt aber nur daran, dass sich eine blöde Mutter eingemischt hat. Ihr dürft euch weiterhin als nicht eingeladen und natürlich auch als nicht willkommen betrachten.»

Als Nicks Mutter ihrem Sohn von der erneuten Intrige erzählt, ist er ehrlich überrascht, sogar überzeugend entrüstet. Offenbar wusste er nichts von der Aktion der Mädchen. Im Nachhinein begreift er, dass sie, die Jungs, sich von den Mädchen haben instrumentalisieren lassen. Er ruft Clara an und sagt, sie sei willkommen.

Clara geht mit ihren zwei besten Freundinnen, die auch ausgeladen und wieder eingeladen und wieder ausgeladen worden sind, trotz des ganzen Hin und Hers auf die Party. Sie und ihre Freundinnen haben Spaß. Die Mädchen, die die anderen am Morgen noch ausgeladen haben, amüsieren sich nicht so gut. Ihr böser Plan ist nicht aufgegangen.

Beim nächsten Elternabend ist die Party das große Thema. Die Lehrerin betont, wie schädlich so eine Spaltung in zwei Lager für das Klima in einer Klasse ist. Die Eltern der Mädchen, die am Morgen vor der Schule standen und die Hälfte der Klasse wieder ausgeladen haben, schauen verblüfft und können die Geschichte, die sie natürlich nicht kennen, kaum glauben. So kennen sie ihre Kinder ja gar nicht.

Die Mädchen wollten unter den Mädchen die Macht in der Klasse. Dann haben sie die Jungs eingewickelt, indem sie ihnen geschmeichelt haben, dass sie ja so irrsinnig cool seien, bestimmte Mädchen aber eben nicht. Die Jungs merkten nicht, wie sie zu Wachs in den Fingern der Mädchen wurden, die sich wiederum ihre Hände zunächst gar nicht schmutzig machen mussten: Die Jungs besorgten den Raum, belogen ihre Mütter und luden nur die Hälfte der Mädchen ein.

Als der Plan drohte schief zu gehen, mussten die Mädchen selbst tätig werden. Die Jungs, die davon erfuhren, reagierten ablehnend – diese Form der aggressiven Strategie schreckte sie ab.

Aggression ist ein Ergebnis früher Sozialisation

Die Kinder können selbst selten abschätzen, wie grausam sie sind. Kindern, allerdings ebenso vielen Erwachsenen, ist nur sehr begrenzt bewusst, in welchem Umfang sie anderen Leid zufügen. Also müsste es ihnen jemand sagen – ihre Perspektive erweitern. Und sie in Folge daran hindern, weiterzumachen. Warum soll man sonst mit etwas aufhören, das sich als so erfolgreich erweist?

In den meisten Fällen ist das Ausmaß dessen, was geschieht, nicht einmal den Lehrern und den Eltern klar. Eltern von Kindern, die andere mobben, sind meistens empört, wenn sie hören, dass ihre Kinder kleine Teufel sein sollen, die anderen das Leben so schwer machen, dass die sich irgendwann nicht mehr in die Schule trauen. Doch je höher die Klassenstufe, um so eindeutiger sind die zu identifizieren, die planen, die sich immer neue Schikanen einfallen lassen, die andere anstiften und die zwar nicht immer die volle Sympathie der Klasse, aber zumindest Einfluss und auch Popularität unter den Schülern genießen. Die Zahlen, die dies belegen, basieren auf der Auskunft von Mitschülern.

Jahrzehnte umfassender Aggressionsforschung bestätigen immer wieder: Aggression ist im Wesentlichen das Ergebnis früher Sozialisation. Wer daheim erlebt, dass offensives Durchsetzungsvermögen positiv gesehen wird, verinnerlicht dies. Es ist kein Einzelfall, dass Eltern Schulen mit einem Anwalt drohen, wenn die Aktivitäten ihrer Sprösslinge als Mobbing bezeichnet werden. «Das sind doch nur Kleinigkeiten», hört man von den Kindern, «Mein Kind mobbt nicht» von den Eltern. Oder: «Sie hält sich doch aus so etwas raus.» Und: «Der Felix hatte doch schon immer Schwierigkeiten in der Klasse.» Am Beispiel von Katharina wird jedem allerdings schmerzhaft bewusst, dass die vielen kleinen Schikanen der Mitschüler – jede für sich betrachtet – wirklich eine Kleinigkeit sein mögen, die für das Opfer in ihrer Gesamtheit aber von katastrophalem Ausmaß sind.

Ein weiterer Aspekt der Sozialisation: die Medien. Tatsächlich erleben Kinder im Alltag heute, wie im Fernsehen ein Mädchen eingeladen wird, weil es einmal vor der Kamera geweint hat. Zu ihrem Auftritt wird das Lied «Weine nicht, Michaela» eingespielt, das Mädchen wird lächerlich gemacht. Sie sehen, wie ein Model 16-jährige Mädchen vor Millionen von Zuschauern runterputzt, weil sie nicht sexy genug auf ihren hohen Absätzen laufen; wie ein mittelmäßiger Musiker gelangweilt in die Kamera gähnt oder mit den Augen rollt, wenn ein aufgeregtes Kind seinen ersehnten ersten großen Auftritt hat.

Wenn sich eine ganze Gesellschaft im Fernsehen am Leid Einzelner labt, wenn jede Träne öffentlich zum Amüsement der Massen geweint wird und das Bloßstellen zu einer Art Volkssport geworden ist, wie sollen Kinder plötzlich im Rahmen ihrer Klasse Mitgefühl zeigen?

Respekt vor der Würde eines jeden Menschen ist ein kulturell zu vermittelnder Wert. Schulen, die ihren Bildungs- und Erziehungsauftrag ernst nehmen, kommen deshalb gar nicht umhin, dieses als originäre Aufgabe anzunehmen – unabhängig davon, was Schüler von daheim mitbringen. Metaanalysen, die die wirksamen Elemente von Interventionsprojekten identifizieren sollen, zeigen, dass ein «Whole School Approach», also die ungeteilte, gemeinsame Anstrengung aller, die zur Schule gehören, ein wesentliches Erfolgselement zur Reduktion von Gewalt, Aggression und Mobbing darstellt, im Gegensatz zu individuellen Maßnahmen.

Die Außenstehenden unterstützen, wenn auch unfreiwillig, den Täter

Beobachtungen auf kanadischen Schulhöfen haben gezeigt, dass weitaus mehr Schüler zu Tätern freundlich sind als zu Opfern; deutsche Studien bestätigen diesen Trend vor allem für weiterführende Schulen. Untersuchungen in vielen Ländern haben übereinstimmend ergeben, dass ein Täter von vielen in der Klasse bestärkt wird: Ein Drittel einer Klasse gehört zur aggressiven Gruppe, die sich zu gleichen Teilen aus Tätern, ihren Assistenten und ihren Verstärkern zusammensetzt. Während Assistenten aktiv mitmachen, also selbst schlagen und allerlei Methoden zu schikanieren ersinnen, sind Verstärker die, die mitlachen und spotten und sich ablehnend verhalten, wenn das Opfer in ihre Nähe kommt.

Ungefähr ein weiteres Drittel macht die Gruppe derer aus, die so tun, als würden sie nichts mitbekommen – obwohl sie direkt danebenstehen. Auch diese Kinder – die Außenstehenden – unterstützen Mobbing, wenngleich das den Kindern wohl kaum bewusst ist. Sozialpsychologische Forschung, die sich mit der Wirkung von Verhalten auf das Verhalten anderer beschäftigt, bestätigt, dass es unmöglich ist, sich nicht zu verhalten. Das heißt, etwas zu tun oder ebendieses zu unterlassen, hat auf das Verhalten anderer einen Effekt. Und aggressives Verhalten wird immer verstärkt, es sei denn, die Umgebung verweigert den Erfolg, missbilligt und sanktioniert. Konsequenz ist, dass niemand in einer Gruppe, in der gemobbt wird, sich neutral verhalten kann.

Mobbing wird immer verstärkt, wenn niemand es unterbindet.

Etwa ein weiteres Drittel einer Klasse besteht aus Verteidigern. Das sind die, die das Opfer trösten, Hilfe holen oder sagen: Hört auf!

Die Rechnung, die daraus folgt, kann auf zweierlei Weise gemacht werden: Dreißig Prozent latent oder konkret zu Aggression neigenden Kindern steht eine Mehrheit von solchen Kindern entgegen, mit deren Hilfe Mobbing leicht eingedämmt werden könnte. Addiert man aber die Gruppe derer, die sich raushalten und damit das Geschehen indirekt verstärken, ändern sich die Mehrheitsverhältnisse.

Es bestünde also die Möglichkeit, diese Mehrheitsverhältnisse konstruktiv zu beeinflussen und die Tatsache zu nutzen, dass es dieses vermeintlich außenstehende Drittel gibt. Immerhin weiß man, dass die Mitschüler den Außenstehenden nicht selten verteidigendes Verhalten zuschreiben. Das ist also die Zielgruppe, auf die sich Prävention und Interventionen stützen sollten, sodass Aggression in der Klasse nicht weiter verstärkt, sondern geschwächt und der Erfolg von Mobbing geschmälert beziehungsweise verweigert wird, bis es sich vielleicht einfach nicht mehr lohnt.

Direkte oder indirekte Aggression

Fakt ist, dass in Gruppen älterer Kinder, also an weiterführenden Schulen, jegliche Aggression gegen andere eigentlich konsequent auf Ablehnung stößt. Wer andere schlägt, ist unbeliebt, wer sich auf Kosten anderer durchsetzt, hat selten die Sympathie der Mehrheit. Aggression wird nicht als etwas Gutes empfunden, sondern als Bedrohung.

Man differenziert zwischen zwei Grundformen der Aggression: der reaktiven und der proaktiven Aggression. Die reaktive Aggression hat ihre Quelle in der Lebenserfahrung. Und Menschen, die mit Aggression aufwachsen, fühlen sich nicht nur unterdrückt, sondern sind auch desensibilisiert. Sie lernen so am Modell derer, die Vorbild sind, zeigen also ausgeprägt und kaum hinterfragt die Verhaltensweisen, die Teil ihrer eigenen Sozialisation waren. Häufig schlagen die Kinder, die von schlagenden Eltern erzogen wurden, selbst; häufig missbrauchen die Kinder, die missbraucht wurden, selbst.

Die proaktive Aggression wiederum wird gezielt eingesetzt, ist Strategie und weit verbreitet. Wir kennen derart spezifische Krisensituationen auch aus dem berühmten Stanford-Prison-Experiment – ein mehrtägiges Gefängnisspiel, das nach wenigen Stunden in Gewalt mündete. Das belegt, dass fast jeder zu Aggression fähig ist und dass der gezielte Einsatz durch existierende administrativ legitimierte oder erworbene Macht verstärkt wird.

Diese Grundformen der Aggression können auf entgegengesetzte Art und Weise ausgeübt werden: direkt oder indirekt. Wenn einer dem anderen ins Gesicht haut und die Zähne ausschlägt, agiert er direkt aggressiv. Wenn einer Gerüchte streut und hintenherum schlecht über einen anderen redet, agiert er indirekt aggressiv. Vorteil der indirekten Aggression ist, dass man als Täter nicht klar identifizierbar ist. Man muss einerseits keine direkte Gegenwehr erwarten. Andererseits fühlt sich das Opfer indirekter Strategien aber auch einem diffusen Nebel gegenüber. Es ahnt, von wo die Aggression ausgeht, kann aber nicht direkt reagieren, wird also zusätzlich verunsichert.

Häufig wird die Frage gestellt, ob Jungen oder Mädchen schlimmer mobben. Es gibt Mädchen und Jungs unter den Mobbing-Opfern, und es gibt Mädchen und Jungs unter den Mobbing-Tätern. Selten allerdings gibt es Jungs, die von Mädchen gemobbt werden, während viele Mädchen erzählen, dass sie von Jungs gemobbt werden. Jungs werden also meistens von Jungs fertiggemacht – zumindest in den Anfängen.

Jungs sind direkt aggressiv, Mädchen eher indirekt

Die Art und Weise, wie Jungs mobben, ist, besonders an der Grundschule, häufiger direkt: Sie agieren so offensichtlich aggressiv, dass sie eindeutiger als Täter wahrgenommen und identifiziert werden als Mädchen. Doch die Forschung hat inzwischen ihre Methoden verfeinert und belegt, dass Mädchen nur besser darin sind, ihre Karten indirekt auszuspielen. Ihre Aggressionen sind also nicht so deutlich und vor allem schwieriger zu beobachten, weil Mädchen oft die Kunst des Manipulierens besser beherrschen. Sie agieren viel häufiger indirekt aggressiv. Und auf die Dauer ist die indirekte Aggression die effektivere. Was auch bedeutet: Die Täter sind schwer auf frischer Tat zu ertappen. Das macht es für Lehrer, je länger Mobbing andauert und je klüger die Täter agieren, immer schwieriger, zu intervenieren.

Die Jungs in Claras und Nicks Klasse wussten nicht, wie stark sie sich von den Mädchen beeinflussen ließen. Erst als Nicks Mutter ihrem Sohn klarmachte, was da geschah, wurde dem bewusst, dass er selbst eigentlich gar nicht interessiert daran war, einen Teil der Klasse nicht dabeizuhaben, sondern von einer Handvoll Mädchen manipuliert wurde.

Ein Mädchen wie Clara hätte unter Umständen viel mehr

Nachteile aus der Situation ziehen können. Hätte sie nicht ihre Freundinnen gehabt, wäre sie wohl nicht allein auf die Party gegangen. Ihre starken, verlässlichen Beziehungen zu Gleichaltrigen haben sie also davor geschützt, als Opfer überhaupt in Frage zu kommen.

Mit den Jahren, also an den weiterführenden Schulen, werden auch die Methoden der Jungs ausgeklügelter und manipulativer. Offene Aggression widerspricht der sozialen Norm und führt mit zunehmendem Alter immer häufiger zu Ärger. Das Bedürfnis, körperliche Stärke zu demonstrieren, wird weniger, und das Bedürfnis, aber auch die Fähigkeit, sich als schlau oder witzig oder beides zu erweisen, nimmt zu. Fertigkeiten, die Mobbing perfektionieren.

Mobbing – und das ist in sich tragisch – wird auch deshalb möglich, weil Schüler jeden Tag viele Stunden gemeinsam verbringen (müssen), unter anderem aufgrund der Schulpflicht. Dauernd ergeben sich also Situationen, die der Täter zum Schaden des Opfers nutzen kann. Allein der Spaß, den es macht, die Klasse zu unterhalten, ist eine Belohnung. Erfolg wird direkt spürbar.

Für das Opfer hingegen ist es von großem Nachteil, dass die Klasse jeden Tag zusammenkommt. Es kann sich nie erholen, nie sammeln, nie anders besinnen, sondern fällt langsam in sich zusammen. Oder es bleibt immer öfter aus der Schule weg, aus Angst, wie Maximilian. Das aber verstößt gegen die Regeln und führt meistens zu einem starken Leistungsabfall, dadurch vielleicht zu weniger guten Chancen auf dem Arbeitsmarkt, um nur die ganz pragmatischen und erkennbaren Folgen aufzulisten.

Es müsste also alles getan werden, um Schüler in dem Raum, in dem sie per Gesetz sein müssen, zu schützen.

Auf einen Blick

- Das Streben nach sozialer Dominanz ist in einer Klasse nicht gleich verteilt; einige Kinder haben großes Interesse, das Sagen zu haben, für andere ist das weniger wichtig.
- Mobbing-Täter streben nach Macht und sozialer Dominanz in einer Klasse oder Gruppe.
- Täter haben häufig schon von früher Kindheit an mit aggressiven Strategien gute Erfahrungen gemacht.
- Täter sind den Mitschülern oft in den soziokognitiven Fähigkeiten überlegen.
- Ein Täter erkennt schnell und zielsicher, wer sich in einer Klasse als Opfer eignet.
- Ein Täter weiß häufig gut, wie man andere manipuliert. Er kennt Wege, andere so vorzuführen, dass seine Aggressionen als gerechtfertigt erscheinen.
- Täter sind häufig darin erfahren, zwischen direkter und indirekter Aggression so geschickt zu wechseln, dass Lehrer sich leicht täuschen lassen.
- Täter werden nur gebremst, wenn ihnen der Erfolg verweigert wird und ihnen klare Grenzen gesetzt werden.

4 Die Mitläufer und die Gruppe

Wenn jeder zum Gegner wird

Die Täter selbst müssen kaum noch etwas tun

In der siebten Jahrgangsstufe werden die Klassen neu zusammengestellt. Katharinas Mutter hat versucht, ihre Tochter dazu zu überreden, die Schule zu wechseln und in den nächsten, etwas größeren Ort aufs Gymnasium zu gehen. Doch Katharina hat Angst, dass es dort genauso schlimm sein könnte. Und dann könnte sie nicht einmal mehr zurück, hätte keine Wahl mehr und säße noch enger in der Klemme.

Also geht Katharinas Mutter zum Direktor des Gymnasiums und bittet ihn darum, bei der Zusammenstellung der Klasse Katharina nicht mit Jennifer und Florian einzuteilen. Diesem Antrag kommt er zur Erleichterung von Katharinas Familie tatsächlich nach.

Doch es nützt nicht viel. Die ganze Stufe und schließlich auch die ganze Schule schießen sich auf Katharina ein. Wenn sie über den Flur geht, gleicht das einem Spießrutenlauf. Wildfremde Kerle aus den höheren Stufen zischen ihr leise «Fotze» ins Ohr und verziehen angeekelt das Gesicht, wenn sie ihr begegnen. Ein Junge aus der achten Klasse brüllt ihr auf dem Gang zu: «Du bist so hässlich, geh doch und stirb!» So laut, dass sich alle Schüler umdrehen und einige anfangen zu kichern. Katharina ist tödlich verletzt. Der Typ kennt sie gar nicht, mit dem hat sie noch nie etwas zu tun gehabt.

Eines Tages kommt sie nach Haus, da findet sie ihre Schwester in Tränen aufgelöst vor. Anna war mit dem Fahrrad in die Realschule unterwegs, vorbei am Gymnasium, wie jeden Tag. Da ist ein Junge aus Katharinas Klasse aus dem Gebüsch gesprungen, hat sie ausgebremst und wüst beschimpft. Am nächsten Tag brüstet sich der Junge in der Klasse damit: «Ich hab der ekligen Schwester von der James auch mal Bescheid gesagt.» Die anderen kichern und äußern unverhohlen ihre Zustimmung.

Das Dorf wird Katharina zum Verhängnis

Katharina geht in jede AG, die sich bietet, weil die coolen Schüler, die sie besonders hart attackieren, natürlich nicht in die AGs gehen. Vielleicht, denkt sie, merkt ja jemand in so einem kleineren Kreis, dass sie gar nicht so übel ist. In der Theatergruppe und auch in der Römergruppe, in der sie das Kolosseum aus Pappe bastelt, obwohl sie nicht einmal Latein als Fach hat, kommt sie tatsächlich ganz gut zurecht. Alle benehmen sich anständig ihr gegenüber. Und doch entsteht dort keine Freundschaft, die sich in das andere Schulleben hinüberretten ließe. Niemand im Ort traut sich oder kommt auf die Idee, sie auch nur unvoreingenommen zu betrachten. Niemand gibt ihr eine Chance. Das süße, malerische Dorf in den Bergen wird ihr so sehr zum Verhängnis, dass sie es kaum erwarten kann, ihm eines Tages den Rücken zu kehren.

In der Theater-AG stellt sich heraus, dass die anderen Schüler gar nicht mehr wissen, wie Katharina wirklich heißt. Alle denken, sie hieße James. Manche nennen sie also nur James, weil sie es gar nicht besser wissen, doch für Katharina kommt es immer einer Beschimpfung gleich, James genannt zu werden.

Immerhin geht sie nun dazu über, die Mitschüler, die ihre Hausaufgaben zum Abschreiben haben wollen, dazu zu zwingen, sie nicht mehr James, sondern Katharina zu nennen. Das klappt ganz gut, weil die anderen eine Menge tun, um ihre immer hervorragend gemachten Hausaufgaben abschreiben zu können.

Als Katharina in der elften Klasse ist, kommt Robin in die Theatergruppe. Sie kennt seinen Bruder Kevin noch aus dem Kindergarten. Katharina und Kevin waren dicke Freunde, sie wollten einander sogar heiraten, damals. Kevin ist ein Jahr älter und wurde früher eingeschult als Katharina. Doch er kam nicht gut mit und wechselte von der Realschule auf die Hauptschule. Davon hat Katharina gehört, aber sie hat ihn nie wieder getroffen. Seltsam eigentlich, wo doch das Dorf so klein ist.

Nun würde sie ihn gern wiedersehen. Sie fragt Robin, wie es Kevin geht, bestellt schöne Grüße und möchte ausrichten lassen, dass sie sich gern mit ihm verabreden würde. Da sagt Robin: «Ich glaube nicht, dass er das möchte.» «Warum nicht?», fragt Katharina, ahnungslos. «Weil er gehört hat, wie du dich in der fünften Klasse benommen hast», sagt Robin. «Ja, wie denn?», fragt Katharina. «Man sagt, du hast dich auf den Tischen gewälzt wie ein Tier und sie abgeschleckt», antwortet Robin zögernd. «Und du hast gestunken und immer dreckige Klamotten angehabt.»

Katharinas Mutter ist mit der Mutter dieser Jungs seit einer Ewigkeit befreundet. Katharina hat einem dritten, kleinen Bruder zwischendurch Nachhilfe gegeben. Sie kann nicht fassen, was sie da hört. Sie kann nicht fassen, dass die Familie, die der ihren ja eigentlich nahesteht, die unglaublichen

Geschichten über sie glaubt. Ihr wird aber auch immer klarer, dass es keinen Menschen mehr im Dorf gibt, der nichts Schlechtes über sie gehört hat und der nicht schlecht über sie denkt.

Sie grübelt darüber nach, ob das womöglich der Wahrheit entspricht; wenn alle sie doch so sehen! Sie fragt sich, ob die Erklärungen, die sie bisher bekommen hat, reichen: Dass sie nicht die richtigen Ohrringe anhat, nicht die richtigen Jeans, nicht die angesagten Schuhe? Dass sie zu gut ist in der Schule, zu gern lernt, zu spießig ist. Könnte es sein, dass die anderen Dinge in ihr sehen, von denen sie selbst nichts weiß?

Was sie niemals tut: Tatsächlich nachfragen, wie es zu diesen Geschichten kommt. Aber das wäre wohl auch zu viel verlangt. Natürlich scheut sie den Gedanken, den Dingen auf den Grund zu gehen. Es wäre ihr peinlich, jemanden zu fragen. Schließlich drehen sich all diese hässlichen Geschichten um sie selbst, auch wenn sie zum Teil frei erfunden sind. Und manchmal denkt sie, dass sie auch gar nicht wirklich wissen will, was die anderen so sehr an ihr abstößt.

Vielleicht ist das der Grund, aus dem ihr ein gewisser Optimismus erhalten bleibt. Sie glaubt, dass es eine Art ausgleichender Gerechtigkeit gibt und jeder eines Tages seine Rechnung bekommt.

Maximilian kann nicht mehr zwischen Feinden und Freunden unterscheiden

Warum ich? Das fragt sich auch Maximilian, immer wieder. Doch wenn ihm die Schwestern sagen: «Dann musst du dich halt ein bisschen anpassen», oder wenn ihm die Lehrer sagen: «Dann musst du halt mal nicht so schlau tun», sträubt sich etwas in ihm. Man darf ihn ruhig nicht mögen, das ist nicht sein Problem, meint er. Aber das, was da geschieht, ist etwas anderes als einfach die Chemie, die nicht stimmt. Und das macht ihn wütend, sehr wütend.

Es führt so weit, dass Maximilian die anderen immer als feindselig wahrnimmt, manchmal auch dann, wenn sie es gar nicht sind. Und dass er sich immer als Opfer wahrnimmt, auch wenn er es gar nicht ist. Oder zumindest nicht ausschließlich. Erst neulich ist ein Mädchen in seine Klasse gekommen, das er von der Grundschule her kannte und mochte. Das Mädchen ist einer der härteren Fälle auf der Kümmerschule, meinen die Lehrer.

Damals, in der Grundschulzeit, war das Mädchen weggezogen, mit der Mutter zusammen zu einem neuen Mann, weg vom ersten Mann, der die Mutter immer wieder schlug. Der andere Mann wollte besser mit ihr umgehen. Sie bekam ein zweites Kind, mit dem besseren Mann, doch dann schlug der noch härter und häufiger zu als der erste. Die Mutter und ihre zwei Kinder machten sich davon, mit ein paar Koffern. Nun sind sie zurück in der Heide: eine Mutter mit zwei Kindern und den Scherben zweier Ehen. Eine Mutter, die schon mit der Ernährung ihrer beiden Kinder Probleme hat. Da bleibt nicht viel Zeit für Zärtlichkeit, Erziehung, Hausaufgabenbetreuung.

In der Pause nun macht sich Maximilian mit einem Mitschüler den Spaß, das Mädchen und ihre Freundin zu jagen. Wenn sie mal still stehen, klatschen die Jungs in die Hände, um die Mädchen zu erschrecken. Eigentlich nichts Schlimmes, findet Maximilian. Aber die Mädchen haben irgendwann keine Lust mehr auf das Spielchen, sie sagen, «nun hört schon auf», die Jungs sagen, «nun stellt euch nicht so an», ein Wort ergibt das andere, die Jungs möchten nicht verstehen und ziehen die Mädchen auf. Sie nerven. Das Mädchen, das Maximilian von früher kennt und eigentlich mag, tritt ihn heftig vors Schienbein. Er rempelt zurück, trifft sie an der Schulter, sodass sie taumelt. Schnell wie der Blitz dreht sie sich um und beißt ihn in den Oberarm. Unverhofft. Ganz fest. Und Maximilian ist außer sich.

Die Aggressionen sind auf beiden Seiten groß und die Methoden der Kommunikation nicht gerade ideal. Wie so oft wird aus dem Spiel Ernst, ergeben sich aus Geplänkel Verletzungen. Gerade Maximilian müsste wissen, wie unangenehm es ist, sich in die Enge getrieben zu fühlen. Doch er ist kein Meister darin, sich in andere hineinzuversetzen. Er ist der Meinung, das Mädchen hätte das Spiel bis zum Schluss «total lustig» gefunden und wäre dann grundlos über ihn hergefallen. So streng er mit den anderen ins Gericht geht, so wenig streng macht er das mit sich selbst. Er kann nicht sehen, dass er in diesem Fall nicht nur Opfer, sondern auch Täter ist.

«Das sind alte Verletzungen», sagt die Mutter und stellt sich schützend vor ihren Sohn. «Sicher», sagt der Lehrer, «aber damit kann man nicht alles rechtfertigen.»

Maximilian ist längst selbst ein Teil des Systems geworden, das ihn fertigmacht. Er sucht ständig nach der Bestätigung, dass ihn keiner mag. Und die bekommt er, denn natürlich ist jeder aus der Gruppe derer, die es ursprünglich nicht einmal auf ihn abgesehen haben, froh, dass sie nicht selbst die Opfer sind. So hat Maximilian den Glauben daran verloren, dass es für ihn je eine Klasse geben könnte, in der alles normal läuft. «Dazu ist es zu spät», sagt er. Und seine Mutter erzählt, dass er nach den großen Ferien Angst vor der Schule hatte, obwohl er in eine neue Klasse gekommen ist, in der sich keiner seiner alten Feinde befindet.

Einmal rastet Katharina aus. Das Mädchen, das alles still erträgt, immer freundlich und fleißig bleibt und sich nicht davon abbringen lassen will, das Abitur zu machen.

Vor dem Musiksaal steht eine Bank, darauf stellt sie ihren Schulranzen ab. Ein Junge sitzt auf dem Stuhl rechts daneben und nimmt den Schulranzen wieder herunter von der Bank. Sie stellt ihn wieder herauf, so geht es einige Male hin und her. Schließlich lässt er den Ranzen stehen. Sie holt sich etwas zu essen, und als sie zurückkommt, spielt der Kerl mit ihrem Schulranzen Fußball. Sie sagt: «Hey, das kannst du doch nicht machen, das ist mein Schulranzen.» Er antwortet: «Du blöde Fotze, du hast hier gar nichts zu melden.» Da holt sie aus und knallt ihm eine, so, dass man den Abdruck ihrer Hand auf seinem Gesicht sieht. Eine Ohrfeige für tausend Tritte.

Die komplette Klasse umringt den Jungen, nimmt ihn in ihre Mitte und zieht ihn zu einer Lehrerin: «Sehen Sie mal, was die Katharina hier angestellt hat.» Katharina bekommt fast einen Schulverweis, doch die Lehrerin muss ihre Drohung später zurücknehmen, weil sie den Vorfall nicht gesehen hat. Das ist eines der ehernen Gesetze an Schulen: Niemand darf etwas sanktionieren, das er nicht selbst gesehen hat.

Aber nachgefragt hat natürlich keiner, wie es dazu kommen konnte. Dabei ist Katharina nicht als Schlägerin bekannt. So etwas ist ihr auch nie wieder passiert. Angriffe auf ihre Sachen kann sie eben viel schlechter vertragen als Angriffe auf sich selbst.

Manchmal sagt sie zu Hause Dinge, die sind so weise und reif und erwachsen, dass sie ihre eigene Mutter damit verblüfft. Wenn die Tochter der Mutter eines ihrer Erlebnisse schildert und die impulsive Mutter sagt: «Ja, da musst du doch einen Zorn kriegen», kann es sein, dass Katharina darauf die Achseln zuckt und sagt: «Ich kann verstehen, dass keiner auf meiner Seite ist. Die sind alle froh, dass sie nicht selbst dran sind, also lassen sie es mich ausbaden und haben ihre Ruhe.»

Auf der anderen Seite – für einen schönen Moment

In der elften Klasse macht Katharina tatsächlich einmal selbst die Erfahrung, wie es ist, mit im Boot zu sitzen – auf Kosten einer anderen Mitschülerin. Auf einer Stufenfahrt – die Klassen sind glücklicherweise mittlerweile aufgelöst worden – landet Katharina mit lauter Mädchen im Zimmer, mit denen sie nicht in einer Klasse war. Diese Mädchen sind nicht daran interessiert, sie fertigzumachen, sondern Nadine. Nadine ist ein dickes Mädchen und wird gehänselt: «Wenn die nach vorn geht, sinkt die Titanic.»

Katharina lacht herzhaft über solche Witze, denn endlich einmal ist sie Teil der Gruppe. Sie wird integriert und erfährt zum ersten Mal, wie es ist, mit Gleichaltrigen zusammen Spaß zu haben. Es ist wie Urlaub für sie. In der Zeit macht sie sich keine Gedanken darüber, wie sich Nadine wohl fühlt. Erst später, als sie wieder zu Hause ist, schießt ihr durch den Kopf – und dabei wird ihr heiß vor Scham –, dass sie genauso ist wie alle anderen. Wenn sich nur die Gelegenheit dazu bietet.

Manchmal blüht Maximilian auf. Dann kann man erkennen, welche Möglichkeiten der Junge hätte, wenn er wollte. Er liebt Geschichten, je phantastischer, desto besser. Ein Lehrer, den er nur einmal in einer Vertretungsstunde hatte, hat bei ihm seither einen Stein im Brett. Der erzählte den Kindern eine abenteuerliche Geschichte, die er «die wahre Geschichte von Rotkäppchen» nannte. Dann gab er den Schülern drei Begriffe vor, aus denen sie ihre eigene Erzählung konstruieren sollten: die große böse Hexe, den armen kleinen Wolf und Spongebob.

«Bei so einem Lehrer könnte ich den ganzen Tag Unterricht haben», schwärmt Maximilian.

Der Elfjährige schreibt viel. Meistens sind es Seefahrerabenteuer, die er sich ausdenkt und immer länger spinnt und mit Zahlen und Fakten anreichert. Doch wenn er in einer Stunde mal drankommt und aus seinen Geschichten vorliest, was er natürlich begeistert tut, benutzt er Unmengen dieser Fakten und Zahlen und auch noch Fachbegriffe, die die anderen nicht kennen. Dann hält er eine Art Vortrag, mit einer märchentantenhaften Stimme, was den Geschichten die Spannung nimmt, die sie durchaus haben könnten.

Schon wieder finden die anderen ihn blöd, denn er verstößt mit den zu anspruchsvollen Geschichten und seiner Art des Vortrags gegen die Normen der Gruppe. Das ist für ihn sehr frustrierend, weil ihm eine der wenigen Beschäftigungen, die er als positiv empfindet, in der Gruppe nicht zum Vorteil, sondern zum Nachteil gereicht. Und das nimmt er der Klasse wiederum so übel, dass er seine Mitschüler als dumm, behindert, idiotisch bezeichnet. Maximilian hat mittlerweile das Glück, dass sein Klassenlehrer sowohl seine Talente als auch seine Nöte erkennt.

Keiner kann sich raushalten

Aggressionen und soziale Integration

In den Anfängen der Mobbing-Forschung konzentrierte man sich vor allem auf Täter und Opfer. Sie schienen die zentralen Rollen im Geschehen zu spielen, und lange glaubte man, dass eine Veränderung ihres Verhaltens das Problem Mobbing direkt lösen würde. So versuchte man, charakterisierende Merkmale und Auffälligkeiten in ihrem Verhalten zu identifizieren, um Anhaltspunkte für geeignete Interventionsformen zu finden. Die misslungene oder fehlgeleitete Interaktion zwischen Täter und Opfer – so die Annahme – sei es, die den Kern des Problems Mobbing ausmache.

In den letzten zehn bis fünfzehn Jahren hat sich diese Sicht auf Mobbing grundlegend gewandelt. Heute ist man sich darüber im Klaren, dass es sich bei Mobbing weder um einen Konflikt noch um ein Problem zwischen zwei Personen handelt. Mobbing betrifft immer eine Gruppe – und je länger es anhält, desto mehr wächst die Wahrscheinlichkeit, dass die ganze Klasse sich daran beteiligt.

«Mobbing ist eine soziale Form von Aggression», hatte der renommierte finnische Aggressionsforscher Kaj Björkqvist schon 1982 formuliert. Und der britische Mobbing-Forscher Peter Smith bezeichnete Mobbing ähnlich früh als «Missbrauch sozialer Macht» und wies darauf hin, dass man zum

Verständnis von Mobbing alternative Erklärungsoptionen einbeziehen müsse. Dennoch bedurfte es intensiver Forschungszeit, um die Dynamik von Mobbing umfassend zu beschreiben und zu verstehen.

Der Ansatz, das Individuum in den Mittelpunkt der Betrachtungen zu stellen, hat in der Psychologie und auch in der Aggressionsforschung eine lange und erfolgreiche Tradition. Da aggressives Verhalten den beobachtbaren Teil von Mobbing darstellt, war es nahe liegend, hier anzusetzen. Allerdings wurden – unter anderem durch den technischen und digitalen Fortschritt – veränderte Vorgehensweisen möglich, durch die man auch zunehmend den Einfluss des sozialen Kontextes in der psychologischen Forschung beobachten konnte. So wurde das Verhalten der Mitschüler oder die Beziehungen zwischen Mitschülern nicht nur in der vom Individuum subjektiv wahrgenommenen Wirkung erfassbar, sondern auch objektiv messbar.

Das Problem: Plötzlich musste man statt auf einzelne Individuen, also Täter und Opfer, auf Gruppen schauen. Das vervielfachte die Komplexität der Betrachtungen enorm. Es wurden nicht mehr nur die direkten Interaktionen als bedeutsam angesehen, sondern auch indirekte Interaktionen. Ein gutes Beispiel dafür ist die Vorhersagbarkeit von Aggression nach dem Motto: Sage mir, mit wem du dich umgibst, und ich sage dir, wer du bist.

Die Gruppe muss im Fokus der Beobachtung stehen.

Man kann das aggressive Verhalten eines Kindes in der dritten und vierten Klasse einerseits natürlich mit dem individuellen aggressiven Verhalten desselben Kindes in der ersten und zweiten Klasse in Zusammenhang bringen. Aber auch das Ausmaß des aggressiven Verhaltens der Freunde dieses Kindes erlaubt es, vorherzusagen, wie stabil dessen aggressives Verhalten zwei Jahre später sein wird.

Besonders spannend wird es dann, wenn man erkennt, dass die Qualität des sozialen Netzwerkes, das sich ein aggressives Kind zu Beginn der Grundschulzeit aufbaut, einen Einfluss darauf hat, wie aggressiv es sich zwei Jahre später im Klassenzimmer verhält: Wer sozial gut integriert ist, hat eine bessere Chance, mit aggressivem Verhalten durchzukommen – und durch die Mitschüler anerkannt und im Verhalten verstärkt zu werden –, als jemand, der nur auf wenige soziale Beziehungen zurückgreifen kann. Wie stark aggressive Kinder sind, hängt also maßgeblich davon ab, wie gut sie vernetzt sind.

Umgekehrt ist bei einem Kind, das sich unterstützend und hilfsbereit verhält, nicht zu erkennen, ob seine vielen oder wenigen, guten oder schlechten sozialen Kontakte irgendeinen Einfluss auf seine zukünftiges Verhalten haben. Dasselbe gilt für Opfer: Es ist keine Voraussage daraus abzuleiten, dass ein Mensch gute oder viele soziale Kontakte hat, ob er in späteren Jahren zum Opfer auserkoren werden kann. Bei Katharina hätte im Kindergarten niemand darauf gewettet, dass ausgerechnet dem beliebtesten Kind die Schule später von den Mitschülern zur Hölle gemacht würde.

Alle möchten Teil der Gruppe sein

Dieser Blickwinkel entspricht dem Ansatz der Sozial- oder Entwicklungspsychologie, bei dem man nicht vom pathologischen oder auffälligen Verhalten Einzelner ausgeht, sondern von einem Normverhalten, dem sich alle in irgendeiner Form anpassen, unterwerfen oder auch entgegenstellen. Verhalten formt sich in der Wechselwirkung mit der sozialen Umgebung. Die Mitschüler- oder Lehrerreaktion zeigt Zustimmung oder

Ablehnung, also fördern oder hemmen Mitschüler und Lehrer ein bestimmtes Verhalten. Und die Vielzahl der Einzelreaktionen in einer Gruppe entscheidet darüber, ob ein Einzelner gemocht wird und Teil der Gemeinschaft ist, oder ob er abgelehnt wird oder eher am Rande steht.

Kinder – und natürlich auch Erwachsene – streben nach einer sicheren sozialen Stellung in der Gemeinschaft. Sie suchen nach einer Position im sozialen Netzwerk, die ihnen bestimmte Beziehungen und Freundschaften ermöglicht und es ihnen erlaubt, sich in der Klasse wohl und sicher zu fühlen. Dabei gibt es natürlich Unterschiede zwischen den Kindern wie zwischen allen Individuen. Die einen möchten unbedingt zu denen gehören, die das Sagen in der Klasse haben. Anderen reicht es, zu denen zu gehören, die von allen gemocht werden, wieder anderen ist nur ein kleiner Kreis guter Freunde wichtig. Ganz allein zu sein jedoch ist für fast alle Kinder nicht auszuhalten – es macht ihnen sogar Angst.

Warum wegschauen nicht hilft

Wenn Mobbing stattfindet, bekommt das jeder in der Klasse mit.

Wenn Mobbing in einer Klasse stattfindet, weiß jeder in dieser Klasse davon, und in der Regel sind viele oder alle Schüler beteiligt oder mindestens anwesend, wenn das Opfer attackiert wird. Kinder, die erleben, wie andere Kinder unterdrückt, malträtiert, schikaniert werden, haben immer eine Haltung dazu. Und es gibt keinen Grund, daran zu zweifeln, dass die meisten Kinder Mobbing falsch und ungerecht finden und sogar aus Überzeugung äußern, dass man dem gemobbten Kind helfen muss.

Sind sie jedoch selbst involviert, stimmen Haltung und Verhalten oft nicht mehr überein. Plötzlich befinden sie sich in einem sozialen Kraftfeld, das sie daran hindert, ihre Meinung zu äußern oder sich entsprechend zu verhalten. Der Wunsch, dazuzugehören, Teil der Gruppe zu sein, nicht blöd dazustehen oder wegen seiner Haltung angegriffen zu werden, wirkt. Und um die Dissonanz zwischen Haltung und Verhalten zu verringern, ist jedes Argument recht.

So ergeht es vielen, wenn nicht allen in einer Klasse, in der Mobbing lang andauert. Jede inadäquate Reaktion des Opfers – und entspricht sie auch noch so sehr dem Verhalten, das man selbst in der Situation gezeigt hätte – wird zum willkommenen Argument, warum man entweder nichts dagegen tut oder sogar mitmacht. Und je mehr sich so verhalten, desto leichter fällt das Mitmachen.

Viele Jahre Aggressionsforschung bestätigen, dass Kinder, die zuschauen, und auch die, die wegschauen und passiv bleiben, ungewollt aggressives Verhalten verstärken. Alles, was die Täter nicht daran hindert, weiterzumachen, signalisiert ihnen, dass ihre Aggressionen geduldet beziehungsweise sogar akzeptiert werden. Und es beflügelt sie sogar. Kanadische Forscher bestätigen: Mobber agieren viel lieber mit als ohne Publikum – und vor den passiven Zuschauern wird erst richtig aufgedreht, denn deren Gunst gilt es zu gewinnen.

Auch wer nichts macht, macht mit.

Was die Täter bremst: Wenn niemand zum Applaudieren da ist oder auch nur zum Zusehen. Und wenn sie spüren, dass das Opfer Unterstützer hat. Je stärker die sozialen Bindungen eines Schülers oder einer Schülerin sind, desto schlechter eignet er oder sie sich als Opfer. Die Frage ist immer nur, wie verlässlich diese Bindungen sind. Wenn zum Beispiel eine Freundschaft zwischen zweien auseinandergeht, kann für einen von ihnen das ehemals sichere Netz plötzlich sehr dünn werden. Gerade unter angehenden Jugendlichen stellt sich nämlich dann oft die Frage, wem von zweien die Loyalität gehört. Solche Situationen sind kritisch, denn sie sind ganz leicht für erfolgreiches Mobbing zu missbrauchen – wenn es jemand darauf anlegt.

Gruppen können über die Ausgrenzung Einzelner eng zusammenwachsen

Ähnliches gilt für eine Gruppe von Kindern, die sich noch finden muss oder die sich aus so unterschiedlichen Charakteren zusammensetzt, sodass die Kinder sich schwer damit tun, sich zu finden. Auch solche Konstellationen sind anfällig für das Auftreten von Mobbing. Man kann sich sehr gut darüber formieren und dann doch als Einheit empfinden, wenn man sich nach dem Motto «Alle für einen oder einer für alle» gegen einen, der irgendwie besonders andersartig erscheint oder bei dem man diesen Eindruck geschickt erzeugen kann, positioniert.

Eine fünfte Klasse in Bad Homburg bei Frankfurt wird gerade neu zusammengewürfelt. Wenige Kinder kennen sich wirklich oder sind schon gut befreundet. Einige von ihnen sind so aufgeregt und unsicher, dass sie, würde es jemand darauf anlegen, durchaus zu Opfern werden könnten. Pauline gehört dazu. Sie ist still und schüchtern und jeden Morgen ganz schön nervös, bevor sie die Klasse betritt. Was sie beruhigt: Die anderen Kinder haben einen ähnlichen Kleidungsstil wie sie. Die Mädchen sind leger, dabei durchaus sorgfältig und weiblich angezogen: hohe Stiefel zu kurzen Röcken, karierte Wollschals, lange Haare, Spangen. Pauline findet so recht keine Freundin, der sie vertrauen kann, wie so viele andere in der Klasse auch. Ein paar Mädchen und Jungs hingen schon in der Grundschule immer zusammen, haben aber kein offensichtliches Interesse an den anderen. Es ist eine Klasse, die kein Lehrer als gute Gemeinschaft bezeichnen würde.

Nach einem halben Jahr kommt Janina neu in diese unruhige Klasse. Sie ist im hinteren Taunus aufgewachsen und dort bisher zur Schule gegangen. Sie trägt klobige Turnschuhe, zerschlissene Jeans, ihre Haare sind kurz und stufig geschnitten und sehen wie absichtlich verwuschelt aus – ein Stil, den man in Bad Homburg so nicht kennt. Pauline hört, wie zwei ihrer Mitschülerinnen in der Pause tuscheln. «Wie kann man sich denn noch so anziehen?» Pauline fasst sich ein Herz und mischt sich ein. «Sie ist ja ganz nett, glaube ich, aber wer hat ihr denn diese 90er-Jahre-Klamotten gekauft?»

Es tut gut, endlich ein gemeinsames Thema mit den anderen Mädchen in der Klasse zu haben. Es tut auch gut, derselben Ansicht zu sein, es verbindet so schön. Pauline ist gleichzeitig aber nicht ganz wohl dabei, schlecht über Janina zu reden, nur weil sie anders angezogen ist. Sie findet sie eigentlich ganz nett, soweit sie das überhaupt beurteilen kann.

Es dauert nur ein paar Wochen, und alle Jungs und Mädchen haben sich gegen Janina in Stellung gebracht. Pauline hat zwar nie wieder schlecht über sie geredet, aber sie grüßt sie auch nicht. Das ist das Mindeste, was sie tun kann. Und das muss sie auch tun, hat sie im Gefühl, um zur Gruppe zu gehören, darum hat sie keine oder nur ganz kleine Gewissensbisse. Die Klasse ist nun schön zusammengewachsen. Die Mädchen verabreden sich, sie necken sich mit den Jungs, alle geben sich gegenseitig das Gefühl, aus demselben Holz zu sein – nur Janina nicht.

Mit Janina spricht keiner, über sie spricht man schon. In

den Pausen rücken die Mädchen enger zusammen und kehren ihr den Rücken zu, wenn sie in die Nähe kommt, was sie nach einer Weile sowieso nicht mehr tut. Niemand krümmt Janina ein Haar, dazu sind die Bad Homburger zu gut erzogen. Aber sie geben ihr auch keine Chance mehr.

Janina wiederum sagt nichts. Sie beklagt sich nicht, petzt nicht, und doch führt ihr sehr cooles Verhalten nicht dazu, dass die Klasse sie dafür schätzt. Nein, die Klasse findet sie eher ein bisschen feige. Janinas Gesicht wird immer bleicher und verschlossener. Und als sie anfängt, die zerschlissenen Jeans wegzulassen und sich dem Stil der Bad Homburger Mädchen anzupassen, mokiert man sich darüber: «Guck mal, jetzt will die aussehen wie wir.»

Schwer zu sagen, wer hier der Täter ist. Die beiden Mädchen, die anfangs Stimmung gegen Janina gemacht haben? Oder einfach die ganze Klasse?

Die Lehrer jedenfalls sind sehr froh über die Veränderungen und loben jetzt die Klasse, die im ersten halben Jahr noch so unruhig war. Es sei eine wunderbare Klassengemeinschaft entstanden, ganz besonders harmonisch. Natürlich haben sie keinen Blick für die kleinen Schwächen der wohlerzogenen Kinder.

In diesem Fall gibt es also nur ein Opfer, und die ganze Gruppe wirkt in ihrer neu gewonnenen Homogenität wie ein massiver Täter. Alle machen mit, aber niemand macht etwas Schlimmes. Ob ein Schüler oder eine Schülerin im Hintergrund sehr clever die Fäden zieht, ist manchmal tatsächlich gar nicht zu erkennen. Die Einigkeit in der Opposition gegen einen oder eine Ausgeschlossene verbindet. Und diese Einigkeit führt – so belegt es die sozialpsychologische Forschung zu Gruppenphänomenen – zu Haltungen und Verhaltensweisen, die viel extremer sein können, als sie jedes einzelne dieser wohlerzogenen Kinder für sich allein oder in anderer Gesellschaft zeigen würden.

«Bei indirekten Formen der Aggression wird die Peergroup zur elementaren Komponente, weil sie als Vehikel oder Instrument der Attacke dient.» So beschreiben die Mobbing-Forscher Claire Garandeau und Antonius Cillessen in einer Untersuchung den Übergang von der indirekten zur unsichtbaren Aggression. «Die Gruppe ist die Waffe, ohne die eine solche Aggression gar nicht auftreten könnte.»

Immer wieder destruktiv: Vorurteile

Sehr häufig entscheidet also allein die Konstellation in der Gruppe darüber, wer angegriffen wird. Manchmal ist es eine schwache, manchmal aber ausgerechnet die widerstandsfähigste und kräftigste Person, die sich durch ihre Überlegenheit von der Gruppe abhebt und darum fertiggemacht wird.

Jede Stärke oder Schwäche lässt sich in den Augen der Gruppe zum Nachteil des Opfers verdrehen.

Im Schuljahr 1954/55 reichte es beispielsweise, als 13-jähriges Landei aus Niederbayern nach München an ein Elite-Gymnasium zu kommen. Das «Bummerl» vom Land erlebte dort «ein Jahr des Schreckens und Entsetzens». Es waren ihre mollige Gestalt, ihre Zöpfe und die Haarschleifen, die sie von den anderen unterschieden. Außerdem war sie eine Einser-Schülerin in Latein. Alle waren gegen sie. Eine einzelne Täterin konnte auch sie jedoch nie benennen noch sich gegen sie wehren, denn alle versteckten sich hinter allen, und keiner trug die Verantwortung. Akzeptiert wurde sie erst, als sie beim alljährlichen Aufenthalt im Schullandheim freiwillig den Kloputzdienst für die anderen übernahm und sagte: «Mir macht das nichts aus.» Integriert hat sie das natürlich nicht.

Heute ist es der Junge aus Bayern, der von Hochdeutsch sprechenden Klassenkameraden verprügelt wird, der Muslim, der von Christen in die Toilette getunkt, der musisch Orientierte, der von Sportlern gefoltert, oder das Arbeiterkind, dessen Gesicht von den Mädchen der Höhere-Töchter-Schule zerkratzt wird.

Es ist einigermaßen erschreckend, wie lebendig viele Vorurteile immer noch sind. Bei solchen Fällen liegt ein Defizit auf Gruppenebene vor, das eigentlich leicht behebbar wäre: Aus der Forschung zur Entstehung und Aufweichung von Vorurteilen weiß man, dass die Haltung von politischen Eliten und Meinungsträgern, von Figuren, die Macht haben und glaubhaft erscheinen, maßgeblichen Einfluss auf die Ausbildung von Vorurteilen hat.

Auf Schule übertragen hieße das, es müssten multiple Bezugssysteme gelten, die eine einseitige Identifikation erschweren: Nicht nur Noten und Fleiß, Sportlichkeit, Eloquenz, Musikalität werden anerkannt, sondern auch solche Stärken, die weniger tugendhaft daherkommen. So könnten alle Schüler mit all ihren Stärken und Schwächen an einem gemeinsamen Ethos einer Schule arbeiten, etwa in der Art, wie es die ehemalige Direktorin Enja Riegel des Wiesbadener Helene-Lange-Gymnasiums vorgemacht hat: Die Schüler putzten ihre Schule selbst, und das gesparte Geld wurde beispielsweise für Schauspieler, Musiker und bildende Künstler ausgegeben, die mit den Schülern langfristig an Projekten arbeiteten und so häufig Stärken an ihnen entdeckten, die im herkömmlichen Lehrplan unbeachtet geblieben wären.

Weltoffenheit vorleben wäre also die polemische Übersetzung für das Aufgabenbüchlein der Schuldirektion. Das hieße beispielsweise, dass in einem vormals katholischen Gymnasium das Bezugssystem Religion im Allgemeinen («wir alle glauben an irgendetwas») werden könnte. Religionsvielfalt erleichtert es dann, an Unterschieden und Ähnlichkeiten viel über Glaubensysteme, über sich und andere zu erfahren und das Eigene nicht unbedingt als das Wichtigste oder Bedeutsamste, also als Ausschlusskriterium sehen zu müssen.

Opfer scheinen seit jeher ein unvermeidliches Ergebnis gewisser Gruppendynamiken zu sein. Entweder weil sie schlicht und einfach etwas anders sind als die anderen – oder weil man sie so hinstellen kann. Oder weil sie sozial unterlegen und deshalb leichte Beute sind. Oder aber sie sind, genau entgegengesetzt, sozial überlegen und stellen deshalb eine Bedrohung für den oder die Angreifer dar. Das gilt für Jungen wie für Mädchen. Tatsächlich erlebt man es häufig, dass Mädchen, weil sie normalerweise viel eher indirekt aggressiv auftreten, als Drahtzieher schwerer auszumachen sind als Jungs.

Das Interesse, sich im Gefüge einer Klasse zu behaupten und die Macht innerhalb dieses Systems an sich zu reißen, scheint bei beiden Geschlechtern deutlich abzunehmen, wenn die Jugendlichen 15 oder 16 Jahre alt werden. Das ist die Zeit, in der sie ihren Radius vergrößern: Sie verlieben sich, sie engagieren sich im Sport, spielen ein Instrument oder in einer Band, sie ziehen sich zurück in ihre Zimmer, lesen und hören Musik, sie bilden kleinere Cliquen. Die Klasse hört auf, ihr wichtigstes Biotop zu sein. Ihre Autonomie steigt.

Dennoch bleibt bemerkenswert, dass man – befragt man die Mitschüler – in fast allen neunten und zehnten Klassen jeweils eine Person mit stark überdurchschnittlichen Aggressionswerten und eine mit außergewöhnlich hohen Viktimisierungswerten findet. Und in der Mehrzahl der Klassen sind das in beiden Fällen Jungen, aber eben nicht ausschließlich.

In der Gruppe wirken die Schikanen des Täters lässig und witzig

Katharinas Fall macht deutlich, wie katastrophal es ist, wenn das Opfer auch im größeren Radius immer wieder auf dieselben Leute stößt und sich eine ganze Schule und schließlich eine ganzes Dorf gegen einen einzigen jungen Menschen zu verschwören scheint. An ihrem Fall wird auch klar, wie wenig Chancen ein Opfer noch hat, wenn es einmal auserkoren ist, sich der Situation angemessen oder gar cool zu verhalten. Man erkennt, wie es sich mit jeder Aktion immer mehr der Lächerlichkeit preisgibt und wie es dann sukzessive in der Gruppe – das kann die Klasse sein, die Schule, der ganze Ort – an Sympathie einbüßt. Und zwar egal, was es macht.

Die Täter hingegen, weil sie sich auf Kosten des Opfers profilieren und lässig, witzig, überlegen erscheinen können, gewinnen in derselben Zeit an Sympathie. Mitschüler, die zwangsläufig zu den Zeugen der Untaten werden, beschreiben das, was passiert, sehr häufig als amüsant oder unterhaltsam.

Die Gruppe erfüllt für die Täter also verschiedene Funktionen: Sie empfinden eine Gruppe, die mitmacht oder nichts gegen sie unternimmt, als Bestätigung ihrer Vorgehensweise, was sie bestärkt. Außerdem enthebt die Zustimmung der Gruppe die Täter ihrer alleinigen Verantwortung. Es ist so viel leichter, sich einzureden, dass das Opfer die Schikane verdient hat, wenn sich alle daran beteiligen und auch noch Spaß haben. Und wenn, wie bei Katharina, der ganze Heimatort so denkt, wie soll ein einzelner Mensch sich dagegen behaupten?

Je mehr mitmachen, desto leichter sagt sich: «Der / die ist ja selber schuld!»

Davon abgesehen, dass jeder für sich ja auch überzeugend darlegen könnte, nichts wirklich Schlimmes zu machen. «Sind doch alles nur Kleinigkeiten»! Wie die Summe dieser Kleinigkeiten auf die eine Person wirkt, die als Zielscheibe dient, ist den meisten der Assistenten, der Verstärker und besonders den so genannten Außenstehenden nur begrenzt klar. Da ist höchstens ein leichtes Unbehagen, wenn jemand gefragt wird, ob das Verhalten denn auch in Ordnung wäre, wenn es jemanden träfe, den man gern mag. Doch das schlechte Gewissen verschwindet, sobald die anderen dabei sind und mitmachen.

So stark ist Gruppenzwang

Nicht nur die Psychologie belegt, dass der Mensch Kontakte zu anderen braucht und dass die Isolation zu schweren psychischen Störungen führen kann. Bei den Experimenten Friedrichs II., eigentlich gedacht, um herauszufinden, welche Sprache Kinder entwickeln, wenn sie nicht angesprochen werden, starben alle Kinder. Ohne soziale Kontakte, ohne Ansprache und Körperkontakt waren sie nicht überlebensfähig.

Das starke Bedürfnis nach Zugehörigkeit ist gekoppelt mit der Angst oder Sorge davor, ausgeschlossen zu werden. Die Konformitätsexperimente von Solomon Asch (1951) belegen überdeutlich, wie Gruppenzwang eine Person so beeinflussen kann, dass sie eine offensichtlich falsche Aussage als richtig bewertet, weil die Gruppe das tut. Die teilnehmenden Personen bekamen im Experiment zwei Karten vorgelegt, auf der einen sah man eine Linie, auf der zweiten sah man drei unterschiedlich lange Linien, von denen eine genau so lang war wie die auf der ersten Karte. Was die Experimentalperson aber nicht wusste, war, dass die Gruppe, in der sie am Experiment teilnahm, allesamt Schauspieler mit klaren Anweisungen waren. Die Frage war: Welche der drei Linien entspricht der einen Linie auf der ersten Karte? Wenn die ganze Gruppe ein falsches Ergebnis angab, schaffte es kaum eine der Experimentalpersonen, bei ihrer richtigen Wahrnehmung zu bleiben, sondern schloss sich der falschen Meinung der Gruppe an.

Und tatsächlich ist es auch so, dass eine Gruppe meist ungehalten reagiert, wenn eine Einzelperson sich ihren Normen widersetzt: mit Ausschluss oder wenigstens mit Ignoranz. Schlaue Mobber, die indirekt aggressiv vorgehen, vertrauen auf diese gruppendynamischen Prozesse und manipulieren so ihre Umgebung, später die ganze Klasse. Und wie im letzten Kapitel schon erwähnt: Wenn Kinder zu ihrer Meinung nach Mobbing befragt werden, äußern die meisten Bedenken und Ablehnung. Das scheint aber schnell vergessen, wenn in ihrer eigenen Klasse tatsächlich gemobbt wird.

Täter nutzen die Gruppendynamik geschickt zu ihrem Vorteil.

Wenn ein Schüler ein auffälliges Dominanzstreben mitbringt und sich eine Zielscheibe aussucht, könnte er jederzeit auch eine andere Zielscheibe wählen. Der Gefahr möchte man sich lieber nicht aussetzen. Und wer mag es Kindern verübeln, lieber dazugehören zu wollen, als sich durch Unterstützung des Opfers gegen seine Klassenkameraden zu positionieren – vor allem wenn nicht mal die Lehrer klar Position beziehen und auf die vorsichtigen Hinweise von einigen Schülern («Der Lisa geht's nicht gut: Sie wird von einigen ziemlich schlecht behandelt») oft nicht einmal reagieren?

Umgekehrt gehört man umso stärker dazu, wenn man sich der Meinung der Gruppe anschließt und damit dem Trend folgt. Es macht einen guten Eindruck, wenn man auch sagt, dass Frederic «ein Weichei» ist, «ein Streber», und «mal wieder total asozial aussieht». Und weil ja viele dieser Meinung sind und das auch bekunden, wird für jeden Einzelnen alles bedeutsam, was diese Meinung bestätigt, und alles vernachlässigbar, was klar dagegen sprechen würde. Hier wirkt wieder «The Truth of Big Numbers» , die Wahrheit der vielen, der leichte Glaube, dass etwas wohl richtig sein muss, wenn so viele es glauben oder tun. Und gerade für Heranwachsende wird die Meinung und Haltung ihrer Peergroup oft zum persönlichen Credo – nichts ist in der Zeit wichtiger als die Gruppe, und kaum etwas kann in dieser Entwicklungsphase zerstörerischer wirken als der aggressive Ausschluss aus dem sozialen Bezugssystem, das Halt, Orientierung und Sicherheit gibt.

Raushalten geht nicht

Julia kommt aus der Schule und setzt sich zum Essen an den Tisch. «Hände waschen», sagt ihre Mutter und schaut noch einmal genauer hin. Auf der Oberfläche von Julias Handteller steht in fetten dunkelblauen Buchstaben, die mit dem Kugelschreiber mehrfach nachgefahren wurden, geschrieben: Anti-Daniel-Gruppe.

Ihre Mutter fragt entsetzt: «Was hast du denn da auf deiner Hand stehen? Ist das dein Ernst?» Julia wird rot vor Scham, und ihre Augen weiten sich panikartig, wie sie es immer tun, wenn sie erst zu spät merkt, dass sie etwas getan hat, was nicht in Ordnung ist.

«Das haben alle heute auf ihre Hand geschrieben», stammelt sie. Und merkt sofort, dass ihre Erklärung, die zu ihrer Entlastung gedacht war, nicht funktioniert. Denn Julias Mutter ist sehr auf Gerechtigkeit bedacht und hat ihren Kindern immer versucht beizubringen, lieber eine eigene Meinung zu haben als die der anderen nachzuplappern.

Aber für einen frisch gebackenen Teenager ist es schwierig und undankbar, eine andere Meinung zu vertreten als die anderen. Julias Mutter hat ihren Kindern auch schon bestimmte Kleiderkäufe abgeschlagen, weil sie nicht wollte, dass sie herumliefen wie alle anderen. Doch Julia denkt in letzter Zeit oft, dass sie einfach nur so sein möchte wie alle anderen.

Sie schrubbt sich die Buchstaben von der Hand, weil sie Respekt vor ihrer Mutter hat und im Hinterkopf auch spürt, dass ihre Mutter recht hat. Am nächsten Tag haben zum Glück die meisten Kinder den bösen Anti-Daniel-Stempel von ihrer Hand gewaschen – vielleicht haben sich deren Eltern ja auch eingemischt.

Julia hat eigentlich nichts gegen Daniel. Es würde ihr aber nicht im Traum einfallen, sich auf seine Seite zu schlagen, denn all die guten Typen aus der Klasse sind gerade gegen ihn. Und allein kann sie ja nun wirklich nichts für ihn tun. Sie selbst hat schließlich nichts Böses getan, nur etwas auf ihre Hand geschrieben, wie alle anderen schließlich auch. Eine Kleinigkeit.

Sie hat Daniel noch nie selbst geärgert, sie hat nicht einmal wirklich mitgelacht, wenn andere ihn vorgeführt haben. Obwohl es schon manchmal ganz schön lustig war. Julia hat das Gefühl, sich bisher so gut es ging aus der Sache gegen Daniel herausgehalten zu haben. Und manchmal denkt sie auch, dass es ihm alles ganz recht geschieht. Er könnte sich ja auch wehren, müsste nicht so ein butterweicher Feigling sein.

Julia ist hin und her gerissen. Sie möchte kein schlechter Mensch sein, aber sie ist beeinflussbar. Und Daniel schwimmt gegen den Strom. Also bastelt sie sich, einigermaßen unbewusst, eine Logik zurecht, die in ihren Augen unbestechlich ist. Aus der Frage «Was ist richtig?», die sich vielleicht ein ganz kleiner Teil der Klasse hier und da insgeheim noch stellt, wird die Frage «Wer hat recht?». Und da ist sich die Mehrheit der Klasse scheinbar einig.

Wer sich nicht ganz sicher ist, ob er sich korrekt verhält, sucht fieberhaft nach einer Absolution für sein Benehmen – und stößt dabei angenehmerweise oft auf eine Eigenschaft, die er am Opfer auszusetzen haben könnte. Dann denkt er: Geschieht ihm doch eigentlich recht. Außerdem: die anderen machen's ja auch, und ich traue mich nicht, so allein gegen alle, da kann ich sicher gar nichts ausrichten. Und so schlimm ist das alles schließlich auch wieder nicht. Soll er sich doch nicht so anstellen. Darauf entwickelt sich ein Teufelskreis – für das Opfer.

Ein gutes Klima kann eine Klasse vor Mobbing bewahren

Opfer und Täter sind in einer Klasse immer diejenigen, zu denen jeder eine Haltung hat. Sie sind also die bekanntesten, wenn auch nicht die beliebtesten. Interessanterweise sind nicht einmal die Täter besonders beliebte Schüler – alle anderen Figuren, die am Mobbing beteiligt sind, erzielen bei Befragungen in Schulklassen höhere Sympathiewerte.

Als unauffällig, aber nett gelten die Assistenten und die Verstärker des Täters, und als noch unauffälliger, aber auch in Ordnung werden die Außenstehenden bezeichnet – zumindest, bevor die Pubertät einsetzt. Die Verteidiger der Opfer hingegen sind in allen Befragungen und im internationalen Vergleich diejenigen in einer Klasse, die am angenehmsten auffallen: Sie werden von den Mitschülern mit den höchsten Sympathiewerten bedacht.

Sympathie und sozialer Einfluss

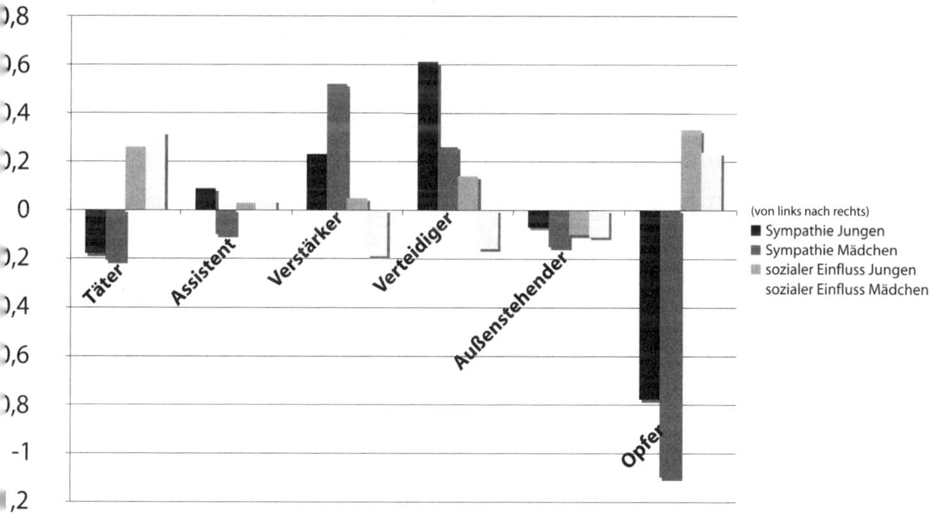

Je besser diese Werte in einer Klasse im Mittel ausfallen, je sympathischer also die Verteidiger gefunden werden, desto größer ist die Chance, dass Mobbing nicht stattfindet oder schnell wieder eingedämmt wird. Das Klima, das in einer Klasse herrscht, entscheidet alles: Ist es prosozial, also unterstützend, werden die Verteidiger sehr geschätzt; ist es aggressiv, sind sie weniger gut angesehen.

Umgekehrt gilt ein ähnlicher Zusammenhang: In einer Klasse, die sehr prosozial agiert, wird aggressives Verhalten stark abgelehnt, in weniger sozial gestimmten Klassen sind aggressive Kinder deutlich weniger unbeliebt. Und das Klima in einer Klasse hängt maßgeblich von der Gestaltungsbereitschaft des verantwortlichen Lehrers ab. Sein oder ihr Modell setzt Normen für den sozialen Umgang der Schüler miteinander.

Die Quintessenz dieses Kapitels hat viele Adressaten:

- Für die Schüler selbst ist es wichtig zu erkennen, dass man sich auch als so genannter Außenstehender, der so tut, als bekäme er gar nicht mit, was passiert, verhält: Man stabilisiert den Siegeszug aggressiver Strategien, wenn man ihnen kein klares «Nein» entgegensetzt.
- Für Eltern ist es wichtig, zu begreifen, dass es für die individuelle Leistungsfähigkeit und die soziale Entwicklung ihres Kindes mindestens genauso interessant ist, welche Rolle es in so einem System spielt, wie auf welche Schule es geht. Wie viele Gedanken machen sich Eltern über die Wahl der besten Schule, wie wenig Gedanken hingegen über das Verhalten das ihr Kind dort im sozialen Miteinander lernt.
- Für Lehrer schließlich müsste interessant sein, dass es maßgeblich vom sozialen Klima in einer Klasse abhängt, wie viel Spielraum für Mobbing sich in derselben bietet. Und dass sie selbst, also die Lehrer, nicht nur lenkend wirken, sondern vor allem als Modell für das akzeptierte Verhalten.

Auf einen Blick

- Wenn Mobbing stattfindet, wissen alle Schüler einer Klasse darüber Bescheid.
- Obwohl meistens nur ein Drittel der Klasse aggressiv agiert, indem es die Attacken plant, unterstützt und Beifall spendet, sind alle anderen auch beteiligt.
- Auf Basis von Mitschülerbefragungen wird neun von zehn Schülern einer Klasse eine ausgrenzende Rolle im Mobbingprozess zugeschrieben.
- Neben jeweils 10 Prozent Tätern, Assistenten und Verstärkern gibt es normalerweise 20-30 Prozent Verteidiger und einen gleichen Anteil Außenstehende.
- Gemeinsam würden Außenstehende und Verteidiger eine satte Mehrheit gegen Mobbing bilden – wenn die Lehrer Rückendeckung gäben.
- Lehrer setzen und schützen die sozialen Normen in einer Klasse – durch ihr Verhalten als Modell: Sie stärken die Aggressiven (wenn sie Mobbing ignorieren) oder die Verteidiger und Außenstehenden (wenn sie genau hinschauen und etwas unternehmen).
- Auch Schüler, die Mobbing ignorieren oder nichts dagegen tun, unterstützen die Täter und ihre Helfer.
- «Wer nichts macht, macht mit» gilt für alle, die Aggression sehen und sich wegdrehen.

5 Lehrer im Zentrum

Wenn die Schule nicht eingreift

Keiner will etwas bemerkt haben

In der Schulzeit von Katharina, in immerhin dreizehn Jahren, gibt es keinen einzigen Lehrer, der sich ernsthaft mit ihrem Fall befasst. Einer von ihnen, der Klassenlehrer, spricht zwar das Wort Mobbing aus, ohne aber die Schüler gezielt oder auf einen konkreten Vorfall hin anzusprechen. Er hält Katharinas Klasse einen Vortrag über das Phänomen, das in Firmen und Schulen vorkomme. Und bedauerlicherweise auch in der 6a, wie er gehört, aber noch nie bemerkt habe. Er schüttelt nachdrücklich den Kopf, um seinem Unverständnis Ausdruck zu verleihen, und bittet abschließend die Kinder, die zu dem Zeitpunkt ungefähr elf Jahre alt sind, jegliche Aktionen solcher Art zu unterlassen.

Fünf Minuten dauert die Auseinandersetzung mit dem Thema Mobbing in der 6a, höchstens. Vanessa und Florian gucken sich vielsagend an. Sie wissen genau, worum es geht. Diejenigen, die es lustig finden, jemanden ständig zu hänseln, wissen auch, worum es geht, fühlen sich aber schon nicht direkt angesprochen, sie kichern ja nur oder nennen Katharina James, wie alle anderen auch. Ein paar Schüler wissen nicht, warum der Lehrer davon spricht, weil sie vielleicht noch nicht so viel mitbekommen haben oder nicht so viel mitbekommen wollten.

Der Lehrer geht auch nicht ins Detail und fordert sie auf, sich einmal vorzustellen, wie es ihnen selbst gehen würde, wenn sie ständig von allen abgelehnt würden. Er spricht nicht davon, dass solche Opfer-Kinder keine Chance haben, sich selbst jemals aus dieser Opferposition zu befreien. Er versäumt, ihnen verständlich zu machen, dass der Spaß, den die Täter haben, dem Leid, das die Opfer tragen, nicht angemessen ist. Dennoch hat er nach seinem Vortrag das schöne Gefühl, alles Menschenmögliche getan zu haben, um die Sache zu klären.

Dass nach der Stunde Florian zu Katharina geht, die Augen schmale Schlitze vor Wut und Hass, und ihr prophezeit, dass sie sie weiter fertigmachen, das weiß er natürlich nicht. Das ahnt er auch nicht.

Tatsächlich ändert der Vortrag des Lehrers nichts. Und obwohl Katharinas Mutter dem Mann gegenüber, den sie ja selbst als Kind schon in Englisch hatte, keinen Hehl aus ihrer Verzweiflung gemacht hat, bleibt es seinerseits bei diesem halbherzigen Versuch. Obwohl sie ihm gesagt hat, ihre Tochter würde von Selbstmord sprechen, weil die ganze Klasse gegen sie sei. Das passt eben nicht in sein Bild. Schließlich findet er, dass gerade in dieser Klasse der Zusammenhalt sehr gut ist.

Dabei ist er keiner von den Lehrern, die lieber wegschauen und mal fünfe gerade sein lassen, hat er gesagt. «Wissen Sie, bei mir muss Disziplin herrschen in der Klasse, denn ich muss ja auch hören, wenn der Knabe in der hintersten Reihe sein ‹th› haucht.» Das sollte Katharinas Mutter beruhigen. Und das glaubt er sicher selbst.

Was er, seltsam genug, bei aller Disziplin in der Klasse nach wie vor nicht zu hören und nicht zu sehen vermag: Wie die ganze Klasse Katharina nachäfft. Wie die ganze Klasse die

Beine übereinander schlägt, wenn sie die Beine übereinander schlägt. Wie die ganze Klasse sich zurücklehnt, wenn sie sich zurücklehnt. Wie die ganze Klasse sagt: «Ich hab da mal ne Frage», wenn Katharina drangenommen wird. Kann nicht sein, was nicht sein darf?

Als Nächstes geht Katharinas Mutter zum Deutschlehrer. Im Unterschied zum Englischlehrer mag und schätzt der Deutschlehrer Katharina. Er ist sehr bestürzt über das, was er hört. Katharinas Mutter hat den Eindruck, dass bei ihm tatsächlich ankommt, wie schlecht es ihrer Tochter geht. Doch auch er spricht von einem besonders guten Geist in der Klasse, einem tollen Lernklima, einem sensationellen Zusammenhalt. Auch er wirkt, als könnte er sich nicht vorstellen, dass Kinder so grausam sein können. Doch er verspricht, ein Auge darauf zu haben und einzugreifen, wenn er sieht, dass Katharina in Not ist.

Katharinas Mutter hört nie wieder von ihm. Er fragt nicht nach, ob es Katharina besser geht oder vielleicht sogar schlechter. Seine Art, Katharina zu behandeln, verändert sich nicht. Seine Art, die Klasse zu behandeln, verändert sich auch nicht. Es trifft Katharina sehr, dass die Lehrer, von denen sie sich geachtet und gemocht fühlt, sich überhaupt nicht darum zu kümmern scheinen, was mit ihr geschieht. Wie eine stille Vereinbarung ist es, dass alle so tun, als wäre nichts. Als wäre alles bestens. Während sie doch leidet wie ein Hund.

Einmal bekommt sie so etwas wie Verständnis von einem Lehrer, und man muss schon einigermaßen anspruchslos sein, um die Handlungsweise dieses Mannes als eine der besten Erfahrungen mit dem Lehrkörper zu verbuchen.

Katharina hat Tafeldienst. Die Tafel ist aufgeklappt, und sie wischt die Innenseiten. Da kracht die Tafel gegen ihre Stirn und Katharina wird fast eingequetscht – das ist übrigens der einzige körperliche Angriff auf sie, der je vorkommt. Ihr schießen die Tränen in die Augen, und sie reibt sich die schmerzende Stirn. Natürlich kann sie nicht sagen, wer es war. Der Lehrer hat auch nichts gesehen. Immerhin ist er schockiert, fragt nach, äußert sich mitfühlend und befreit sie vom Diktat, das er den Rest der Klasse schreiben lässt. Katharina ist dankbar.

Doch auch dieser Lehrer versucht nicht, der Sache auf den Grund zu gehen.

Alle sehen nur Maximilians Fehler

So war es immer in Maximilians Wahrnehmung: Jemand hat Langeweile und hänselt ihn oder tut ihm weh, leichte Schläge auf den Hinterkopf zum Beispiel, ein Mädchen in diesem Fall, es ist nicht schlimm, aber auch nicht schön. Einmal, zweimal, dreimal, immer genau in dem Moment, in dem der Lehrer wegsieht. Maximilian zischt Drohungen nach hinten. Das Mädchen macht weiter. Es nervt. Auf einmal reicht es ihm, und er wehrt sich, macht genau dasselbe wie sie: nur einen leichten Schlag auf den Hinterkopf. Der Lehrer sieht das und sagt sofort: «Maximilian, man schlägt doch keine Mädchen.»

Da fällt die ganze Klasse über ihn her: Jeder hat etwas über ihn zu sagen, aber leider nichts Gutes. Der Lehrer hört sich alles an, und Maximilian spürt förmlich, wie sich dessen Skepsis ihm gegenüber verstärkt.

Immerhin hat Maximilian jetzt auf der Realschule einen Deutschlehrer, von dem der Junge sich endlich ernst genommen fühlt. Den mag er, dessen Unterricht findet er spannend.

Und er ist der erste Lehrer, der nicht immer nur sieht, wie Maximilian Regeln verletzt, sondern der einen Mitschüler dabei ertappt, wie er Maximilian attackiert – und ihn danach zur Rechenschaft zieht.

Endlich Gerechtigkeit

Der Junge sagt zu Maximilian, schön laut, sodass es möglichst viele hören können: «Da kommt wieder der Kranke.» Nichts Besonderes eigentlich, beinahe harmlos, Maximilian ist an solche Sprüche gewöhnt. Aber der Lehrer hat es gehört – und er reagiert. Er weiß, wie sehnlich Maximilian sich wünscht, dass einmal jemand einschreitet und überhaupt anerkennt, dass nicht in Ordnung ist, was die anderen mit ihm machen. Das ist noch nie geschehen.

Der Lehrer knöpft sich den Jungen vor: «Das ist beleidigend, verletzend und gemein, was du da sagst. Weißt du das eigentlich?» Er ruft die Eltern des Jungen an, berichtet von dem Vorfall und macht sie darauf aufmerksam, dass sich das alles aus dem Mund ihres Kindes vielleicht wie eine Kleinigkeit anhört, aus Sicht des betroffenen Kindes aber keine Kleinigkeit ist. Vor allem dann, wenn so etwas ständig vorkommt.

«Was wäre», fragt er sie, «wenn Ihr Kind nach Hause käme und erzählen würde, die anderen seien gemein und beleidigend und verletzend zu ihm?» Er bittet die Eltern des Jungen, ein ernstes Gespräch mit dem Sohn darüber zu führen.

Auch dieser Lehrer hält einen Vortrag vor der Klasse über Mobbing. Er kündigt an, dass er die Augen offen halten wird nach kleinen und großen Untaten. Er kündigt auch an, die Eltern der Täter zu informieren, sobald er jemanden ertappt.

Und er kündigt Sanktionen für die Täter an. Er erklärt der Klasse, dass ein Kind, das von anderen gehänselt und gequält wird, keinen Spaß mehr an der Schule und möglicherweise am Leben hat. Er prophezeit, dass er Mobbing nicht dulden wird. Das kommt an, auch bei Maximilian, und es tut ihm gut.

Der Junge krümmt Maximilian kein Haar mehr. Die Klasse beruhigt sich insgesamt. Das heißt nicht, dass Maximilians Probleme sich für alle Tage erledigt haben, was aber auch daran liegt, dass der gekränkte Junge sich selbst so verfangen hat in dem System, dass er sich sogar dann als das unschuldige, misshandelte Kind erlebt, wenn gar nichts passiert ist.

Weil Maximilians Deutschlehrer ihn in seiner Not ernst nimmt, kann er ihn auch in seiner Überempfindlichkeit wahrnehmen. Und in dem, was man als Krankheitsgewinn bezeichnen könnte. Denn Maximilian, so beschreibt es der Lehrer, ein junger, besonnener, wohlwollender, aber durchaus resoluter Mann, entzieht sich seiner Pflichten mithilfe seiner Opferrolle. Er macht keine Hausaufgaben, hält die Schule für Zeitverschwendung, äußert das ständig und öffentlich und nimmt jede Gelegenheit wahr, sich dem Unterricht zu entziehen. Weil die Eltern nicht wissen, wann es ernst ist und wann nicht, geben sie oft nach und lassen den Jungen zu Hause bleiben.

Zudem hat Maximilian sich eine zynische, blasierte Haltung zugelegt, die er selbst als die angemessene Reaktion auf die Schikanen der anderen empfindet, die aber dazu führt, dass er alles nur noch schlimmer macht. «Die kommen einfach von irgendwo hierher und meinen, sie müssten mich ärgern», ist ein typischer Satz von Maximilian, mit dem er die Leute schockiert und nicht gerade für sich einnimmt. Denn er meint Migrantenkinder, weil er sich von ihnen am häufigsten bedroht fühlt.

«Es ist jetzt an ihm», sagt der Lehrer, «das Mobbingthema mal loszulassen. Den Schalter umzulegen. Er muss der Schule auch eine Chance geben. Er muss den anderen Schülern eine Chance geben. Er braucht Unterstützung, klar. Die soll er haben. Aber er ist nicht unangreifbar. Seine Arbeitsmoral muss er ändern, sonst geht es nicht.»

Unvorstellbar, dass Kinder so böse sein können

In der zehnten und elften Klasse wird an Katharinas Gymnasium alle zwei Jahre ein Amerika-Austausch angeboten: New Jersey. Die Zahl der Plätze ist abhängig von der Zahl der Schüler, die aus New Jersey nach Deutschland kommen. Die Plätze werden ausgelost.

Im gleichen Jahr fährt Katharinas Stufe nach Berlin. Weil ihre Eltern nicht viel Geld haben, weiß sie, dass sie nicht in einem Jahr in die USA und nach Berlin fahren kann. Also läuft sie fast täglich zu der Lehrerin, die für den USA-Austausch verantwortlich ist, um zu fragen, ob die Auslosung bald stattfindet. Denn wenn sie genommen wird (was sie sich sehr wünscht), kann sie nicht mit nach Berlin. Wenn sie aber nicht genommen wird, kann sie mit nach Berlin. Und das alles muss bald entschieden werden. Katharina baut, weil sie so korrekt ist und gleichzeitig so gern nach Amerika fahren möchte, unheimlich Druck auf.

Die Lehrerin sollte also wissen, dass Katharina unbedingt wissen will, wann die Plätze verlost werden. Am Tag der Auslosung ist der Lautsprecher in der Schule kaputt. Die Lehrerin beauftragt einen von Katharinas Klassenkameraden, ihr

Bescheid zu sagen. Er tut so, als würde er sich auf die Suche nach ihr machen. Nach einer Weile kommt er zurück und sagt: «Katharina hat kein Interesse mehr an Amerika.»

Die Auslosung findet ohne Katharina statt. Die Lehrerin zweifelt nicht an der Richtigkeit der Aussage des Jungen, obwohl Katharina sie bis zum Vortag geradezu belagert hat. Vielleicht kann so etwas jedem passieren, manchmal zählt man halt nicht zwei und zwei zusammen, weil man über andere Dinge nachdenkt. Es ist nur merkwürdig, dass an Katharinas Schule keiner je zwei und zwei zusammenzählt.

Weil so viele Schüler nach Amerika wollen, ist die Auslosung schnell vorbei. Am selben Tag noch brüstet sich der Junge vor der Klasse damit und sagt in süffisantem Ton: «Katharina, du wolltest doch unbedingt mit nach Amerika. Die Auslosung war gerade eben. Warum warst denn ausgerechnet du nicht da?»

Die Klasse lacht sich halb tot darüber, dass das Opfer mal wieder blöd genug war, die Auslosung zu versäumen. Katharina sitzt ganz still. Es fühlt sich an, als würde ein Zug sie überrollen. Dann kommt sie wieder zu sich und rast aus der Klasse, hin zu der Lehrerin, die aus allen Wolken fällt. Sie kann gar nicht glauben, sagt sie, dass Kinder so etwas tun: «Ja, wie?», fragt sie erschüttert. «So böse Kinder gibt es, die das einfach behaupten? Und es stimmt gar nicht?»

Sie überlegt, die Wahl zu wiederholen. Aber für Katharina ist klar, dass sie nicht mehr mitfahren kann. Wenn sie jetzt das Glück hat, reinzurutschen, geht das auf Kosten eines oder einer anderen, und das werden sie sie spüren lassen. Denn schließlich, dessen ist sie sich sicher, sind die anderen ja froh, dass sie nicht dabei ist. Die Lehrerin entschließt sich daraufhin, Katharina als Wiedergutmachung in der zwölften Klasse mitfahren zu lassen, von vornherein und ohne Auslosung.

Tränenüberströmt erzählt Katharina zu Hause davon. Ihre Mutter wird immer zorniger auf die Lehrer, die nicht zu verstehen scheinen, wie grausam Kinder sein können. Dabei sollten gerade sie es doch wissen.

Ein Lehrer, der helfen will – und kann

Vielleicht ist eine «Kümmerschule», wie der Direktor seine Institution nennt, genau der richtige Ort, um zu begreifen, wie Kinder sein können. Die Lehrer an Maximilians Realschule scheinen die Situation zumindest realistischer einzuschätzen als die Lehrer an Katharinas Gymnasium. Sie haben es mit einer gemischten Schülerschaft zu tun und sind auf einiges gefasst.

Umso erstaunter sind sie, als sie das Radio anschalten und Maximilian sprechen hören. Er hat während einer Sendung über Mobbing beim Sender angerufen und schildert nun mit schmelzender Stimme sein Martyrium. Sehr eloquent, so kennt man ihn ja. Aber so weich und zerbrechlich, wie er im Radio klingt, haben ihn die Lehrer an der Realschule bisher nicht erlebt.

Diese weiche Seite zeigt er an der Schule nicht, dazu machen ihn die anderen zu hart und zu zornig. Aber seine Eltern kennen diese Seite gut. Es ist genau der Ton, den er anschlägt, wenn er sie morgens anfleht, ihn nicht in die Schule zu schicken.

«Ich habe kein Vertrauen mehr zu Lehrern», sagt er in der Sendung. «In der Grundschule haben mich die Kinder die ganze Zeit fertiggemacht, und die Lehrer wussten das. Eine Lehrerin hat dann sogar noch auf mir herumgehackt, weil ich nicht gut zeichnen kann.»

Er erzählt von einer Lehrerin, die er mochte und der er vertraut hat, aber ehe er sich versah, war sie schwanger und verschwand von der Schule. Er wird gefragt, wie es jetzt so ist, an der Realschule. Da sagt er: «Man nimmt eine Opferrolle ein, will die verlassen, kann sie aber nicht verlassen.» Und fügt hinzu: «Ich gehe dem aus dem Weg, indem ich nicht so oft in die Schule gehe.»

Die Lehrer besprechen die Situation. Ihnen wird klar, wie stark Maximilians Weltsicht von seinen Erfahrungen in der Grundschule geprägt ist und wie beinahe unmöglich es für ihn ist, positive Erfahrungen auch als solche zu betrachten. Sonst hätte er vielleicht darüber gesprochen, dass er endlich einen Lehrer hat, der seine Lage erkennt. Und dass endlich einer seiner Gegner auch mal die Konsequenzen seines Handelns zu spüren bekommen hat. Oder er hätte gesagt, dass das Mobbing in seinem Fall nachgelassen hat.

«Maximilian sehnt sich nach Genugtuung», sagt der Lehrer. «Aber er kann sie nicht einmal genießen. Es ist unheimlich schwer, ein Kind, das intelligent genug ist, eine Art Profit aus seinem Opferdasein zu schlagen, daran zu hindern, sich ständig aus der Affäre zu ziehen.»

Da darf man nicht die Nerven verlieren, sagt er, sonst steckt man selbst bis zum Hals im System drin.

Die besondere Verantwortung der Lehrer

Noch nicht genug Interaktionen gegen Mobbing

Direktoren, die behaupten, dass an ihren Schulen alles in bester Ordnung ist, sind ein guter Indikator dafür, dass Mobbing an ebendiesen Schulen wächst und gedeiht, heißt es unter Experten oft spöttisch. Einerseits dient natürlich hier die Übertreibung der Veranschaulichung. Andererseits ist es immer noch verbreitet, dass ausgerechnet Schulleiter, aber auch Lehrer nicht zu begreifen scheinen, dass es keine so große Schande ist, wenn Mobbing an einer Schule vorkommt, sondern eine viel größere Schande, wenn man es nicht sehen und infolgedessen nicht mit allen Mitteln dagegen vorgehen will.

Noch in den 1990er Jahren gingen an einem Münchner Gymnasium, das als eines der ersten in der Stadt ein Projekt gegen Gewalt und Aggression einführte, die Anmeldungen zurück. Gemäß dem Motto: Wenn die Schule das nötig hat, hat sie wohl ein Problem.

In den letzten zehn Jahren hat sich daran viel verändert: Präventions- und Interventionsprogramme schießen wie Pilze aus dem Boden. Was viele dieser Projekte eint: Sie beinhalten gute Ansätze, sind aber nicht konsequent und nachhaltig genug, um effizient gegen Mobbing zu wirken. So wird den Schülern von der ersten Klasse an beigebracht, wie man gewaltfrei

Ein erster Schritt wäre: Mobbing sehen wollen.

kommunizieren kann. «Giraffensprache» heißt diese Sprache der Verständigung, in der man nur die eigenen Beobachtungen und Bedürfnisse formuliert, frei von Vorwürfen und Kritik – im Gegensatz zur «Wolfssprache», die bewertet, fordert, droht und so gegenseitige Aggressionen fördert. Auch sind Schulpsychologen, deren Kernkompetenz sich ursprünglich weitgehend auf Schüler mit Lern- oder Verhaltensauffälligkeiten wie zum Beispiel Legasthenie oder ADHS konzentrierte, mittlerweile längst dazu angehalten, sich auch mit Aggressionen, Gewalt und Mobbing zu befassen.

Weiterhin verfügt so gut wie jede Schule heute über Tröster auf dem Schulhof und Streitschlichter. Diese können aber bei Mobbing nichts tun, denn Mobbing hat mit einem Konflikt wenig gemeinsam – es ähnelt ihm nur aufgrund der eingesetzten und damit beobachtbaren Verhaltensweisen. Streitschlichter sind sinnvoll, wenn ein Interessenkonflikt eskaliert und die Beteiligten sich schwer tun, allein eine Lösung zu finden. Gleichaltrige erweisen sich hier oft als äußerst hilfreiche Vermittler, weil sie, anders als Erwachsene, näher dran sind: Sowohl ihre Wahrnehmung als auch ihre Bewertung des Problems sind altersgemäß – die Ähnlichkeit des Entwicklungsstandes derer, die Mediation brauchen könnten, und der Mediatoren scheint einer der Schlüssel zum Verständnis, zu Offenheit, Einsicht und letztlich auch zum Erfolg zu sein.

Bei Mobbing effizient zu agieren, muss solche gleichaltrigen Mediatoren überfordern. Anders als ein Konflikt ist Mobbing funktionales Verhalten mit dem Ziel, soziale Positionen in der Klassengemeinschaft zu stärken oder zu erhalten. Wenn Mobbing vorliegt, können Mediatoren zwar das Opfer trösten, ihm zuhören oder darauf einwirken, dass dem Opfer schnell Unterstützung zuteil wird. Gegen Mobbing vorzugehen ist allerdings in erster Präferenz Aufgabe der Lehrer. Deshalb wird

«Peermediation», also die Konfliktlösung unter Gleichaltrigen, von den Experten als nicht adäquate Maßnahme gegen Mobbing betrachtet.

Auch der Gedanke, dass die Schüler in ihrer sozialen Kompetenz gestärkt werden sollen, löst deswegen Unbehagen bei den Sachverständigen aus, weil es zumindest den Tätern selten an sozialer Kompetenz mangelt. Warum sollten sie innehalten, wenn man ihnen erklärt, wie schlecht es ihrem Opfer geht?

Je nach Engagement der Schule kann so ein hübscher Maßnahmenkatalog überdies dazu führen, dass man sich im Lehrerzimmer beruhigt zurücklehnt und sagt: «Wir tun doch was.» Wenn aber keine Regeln und keine Bedingungen an die Schule als Ganzes gestellt werden, wenn nicht alle Lehrer, Schulleiter, Kollegen und im Idealfall auch Eltern sich in das Programm eingebunden und zur Intervention verpflichtet fühlen, sind diese Ideen und Projekte insgesamt ineffektiv.

Viele Maßnahmen wirken beruhigend – helfen tun sie nicht unbedingt.

Der «Whole School Approach»

Dan Olweus, der renommierte Mobbing-Forscher, hat ein umfangreiches Programm zur Prävention und Intervention von Mobbing verfasst, das sich durch einen «Whole School Approach» auszeichnet, also eine Art «gesamtschulische Politik zum Gewaltproblem» darstellt – und darum leider selten in aller Vollständigkeit zur Anwendung kommt. Dabei sind die Mittel, die er vorschlägt, relativ einfach. Es sind Maßnahmen auf Schulebene, auf Klassenebene und auf der persönlichen Ebene.

Das Kernprogramm gegen Mobbing nach Dan Olweus

Allgemeine Voraussetzungen: Problembewusstsein und Betroffensein der Lehrer und Eltern. Dazu gelten zwei Merksätze:

- Keine schulische Umgebung kann als gewaltsicher gelten.
- Gewalt ist nichts Unvermeidliches im Leben der Kinder.

Maßnahmen auf der Schulebene:

- *Fragebogenerhebung*: Ein anonymer Fragebogen liefert Erkenntnisse über das Ausmaß des Gewalttäter-/Gewaltopfer-Problems an der Schule; die Häufigkeit, mit der Lehrkräfte eingreifen; den Grad des Problembewusstseins, das Eltern haben; die absolute Zahl der Schulkinder in den verschiedenen Klassen, die an diesem Problem beteiligt sind.
- *Pädagogischer Tag*: Auf der Basis der Fragebögen erarbeitet eine Kommission, bestehend aus der Schulleitung und allen Lehrkräften sowie Schulpsychologen, Experten der Lehrerfortbildung und Vertretern des Elternbeirats und der Schüler und Schülerinnen, einen Handlungsplan, an den sich alle gebunden fühlen.
- *Bessere Aufsicht* auf dem Schulhof und während des Mittagessens: An Schulen, die eine hohe Lehrerdichte in den Pausen haben, gibt es weniger Gewalt. Noch weniger Gewalt gibt es an Schulen mit hoher Lehrerdichte in den Pausen, in denen die Lehrer schnell und entschlossen eingreifen – auch in Situationen, in denen nur der Verdacht besteht, dass Gewalt stattfindet. Die Einstellung «Wir akzeptieren Gewalt nicht» ist ein wichtiges Signal an Gewalttäter, aber auch an all die, die vielleicht einfach mitmachen würden.
- *Schulkonferenz* (Kooperation Lehrkräfte/Eltern): Wenn eine Schule beschlossen hat, ihre Bestrebungen im Kampf gegen die Gewalt zu verstärken, müssen die Eltern der Kinder über diese Entscheidung eingeladen werden, daran teilzunehmen.

Mit diesen vier Elementen wird zunächst ein gemeinsamer Handlungsspielraum geschaffen: Gemeinsam erkundet man, in welchem Ausmaß an der Schule Mobbing vorliegt, und erarbeitet angesichts dieser Erkenntnisse mit allen, die zur Schule gehören, einen Handlungs- und Zeitplan. Als sichtbares Zeichen der Handlungsbereitschaft und Signal an all die, die die Ernsthaftigkeit des Unternehmens bezweifeln könnten, setzt man bessere Aufsicht auf dem Schulhof um und informiert alle an der Schule Beteiligten über die zukünftige Fahrtrichtung.

Alle müssen an einem Strang ziehen.

Wer jemals näher mit Schule zu tun hat oder hatte, kann abschätzen, welch einen Kraftakt schon diese ersten Schritte des Programms von einer Schule verlangen. Man kann sich aber auch leicht vorstellen, wie viel es zu verspielen gibt, wenn nicht alle konsequent an einem Strang ziehen. Denn halbherziges Engagement kann schlimmer sein, als gar nicht erst zu beginnen.

Und wenn so ein Projekt scheitert, ist viel Vertrauen in die Schule, aber auch das der Schule in sich selbst verloren.

Maßnahmen auf der Klassenebene:

- *Klassenregeln gegen Gewalt*: Wichtig ist, dass die Schüler sich an den Diskussionen über die Regeln beteiligen, wobei drei Regeln zugrunde liegen sollten:
  1. Wir werden andere Schüler und Schülerinnen nicht mobben.
  2. Wir werden versuchen, Schülern und Schülerinnen, die gemobbt werden, zu helfen.
  3. Wir werden uns Mühe geben, Schüler und Schülerinnen einzubeziehen, die leicht ausgegrenzt werden.

- *Klassengespräche*: Möglichst gegen Ende einer jeden Woche, aber nicht in der letzten Stunde wird Bilanz gezogen: Wer hat sich wie benommen? Bei Nichteinhaltung der Klassenregeln drohen Konsequenzen, bei Einhaltung hingegen wird an Lob nicht gespart. Auch über die Sanktionen sollte in der Klasse diskutiert werden. Sie sollten unangenehm sein, aber nicht feindlich. Und sie sollten sich nicht gegen die Person richten, sondern gegen das unerwünschte Verhalten. Die Möglichkeiten reichen hier vom persönlichen Gespräch mit dem Schüler oder der Schülerin bis dahin, dass er oder sie mehrere Stunden in einer anderen, jüngeren Klasse verbringt oder vor dem Büro des Schulleiters sitzt. Solche wöchentlichen Rückblicke wirken als soziale Kontrolle und üben besonders auf die Täter einen gewissen Druck aus.

Diese Schritte wirken gegen Mobbing genau dort, wo es passiert, und machen es zum Problem aller Beteiligten: Wie soll es in unserer Klasse zugehen? Wie können wir beeinflussen, dass es allen in der Klasse gut geht? Was kann man tun (und was hilft!), wenn sich einer von uns nicht an die Regeln hält? Regeln geben Sicherheit und sind nicht nur lästige Einschränkung, wäre die zentrale Erfahrung. Zugleich wird hier eine kindliche Übung in Rechtsstaatlichkeit vollzogen.

Maßnahmen auf der persönlichen Ebene:

- *Gespräche mit den gewalttätigen Kindern und den Opfern*: Die Botschaft an Mobber und Opfer ist dieselbe: «Wir dulden keine Gewalt in unserer Schule und werden dafür sorgen, dass sie aufhört.» Die Gespräche mit den Tätern allerdings sind oft einfacher und effektiver zu führen, wenn vorher bereits die Maßnahmen auf Schul- und auf Klassenebene zumindest eingeführt worden sind. Achtung: Das Verhalten der Opfer wird oft als aggressiv, provokativ und dumm hingestellt und als Rechtfertigung für das Mobben benutzt. Aus den Gesprächen mit den Opfern sollte unmissverständlich hervorgehen, dass jeder Fall restlos aufgeklärt werden soll und es der Schule darum geht, das Opfer wirksam gegen Mobbing zu schützen und seine Sicherheit zu garantieren.

- *Gespräche mit den Eltern der betroffenen Kinder*: Die Zusammenarbeit der Erwachsenen ist von allergrößter Bedeutung. Also könnten die Lehrer die Eltern bitten, ihnen zur Herbeiführung eines Wandels zur Seite zu stehen. Allein der regelmäßige Informationsaustausch zwischen Eltern und Lehrern verkleinert den Spielraum, in dem die Täter agieren können. Außerdem können die Eltern von Opfern und auch von Tätern auf diesem Weg etwas für ihre Kinder tun. Es kann sogar hilfreich sein, die Eltern von Tätern und Opfern zusammenzubringen – oft ein wichtiger Schritt zur Lösung des Problems. (Letzteres wird allerdings inzwischen von etlichen Experten kritisch betrachtet: Man weiß, dass die Eltern von Mobbern die Aktivitäten ihrer Sprösslinge nicht so aversiv betrachten, wie sie in der Schule beobachtet und bewertet werden. Außerdem besteht ein erhebliches Risiko, dass zwischen den Eltern nachvollzogen wird, was in der Klasse passiert: Den Eltern der Opfer wird die Verantwortung für das Geschehen zugeschrieben. Da reicht die Argumentationspalette von: «Sie sehen ja selbst, von wie vielen Mitschülern er oder sie nicht gemocht wird, weil er oder sie sich so aufführt» bis zu: «Kein Wunder, dass das Kind so ist – bei den Eltern.»)

Dieses dritte und letzte Element des Programms fokussiert auf die Identifikation mit dem gemeinsamen Ziel einer gewaltfreien Schule. Die Botschaft: « Mobbing läuft hier nicht!» wird klar und unmissverständlich an die Mobber und an die, die gemobbt werden, auf individueller Ebene kommuniziert. Das impliziert ein STOPP für die Täter und die Garantie von Sicherheit für die Opfer. Damit ist eine Stellung bezogen, die eigentlich an jeder Schule selbstverständlich sein sollte.

Der «No Blame Approach»

In England existiert bereits seit den 1980er Jahren ein pädagogischer Ansatz, der – aus einer gänzlich anderen psychologischen Perspektive konzipiert – vorschlägt, wie man auch gegen Mobbing vorgehen könnte: der «No Blame Approach». Nicht die Frage nach den Ursachen für Mobbing, sondern konstruktive, schnelle Lösungen stehen im Zentrum dieses Ansatzes. Dabei wird bewusst nicht mit Schuldzuweisungen gearbeitet. Der «No Blame Approach» basiert auf folgenden Gedanken: Erstens: Es hat keinen Sinn, die Aggressoren an den Pranger zu stellen – Strafmaßnahmen und Schuldzuweisungen würden das Mobbing nur stärken. Zweitens: Es gibt keine Rechtfertigung für Mobbing, egal, wie sich ein Schüler verhält. Und wie ernst es ist, kann nur derjenige ermessen, der gemobbt wird. Drittens: Es wird nicht nach den Ursachen des Mobbings geforscht, sondern an das Gute im Menschen appelliert. In der Praxis läuft das so ab:

Der Lehrer oder der Schulpsychologe stellt eine Gruppe aus Tätern und Mitläufern zusammen und fordert sie auf, ihm dabei zu helfen, das Opfer wieder zu einem glücklicheren Menschen zu machen. Er fragt das Opfer, ob es möchte, dass er hilft. Wenn das Opfer zustimmt, stellt der Lehrer beziehungsweise der Schulpsychologe eine Gruppe von sechs, sieben Schülern zusammen, bestehend aus denen, von denen sich das Opfer am meisten und am wenigsten bedroht fühlt, und aus Schülern, die der Lehrer bestimmt.

Dieser Gruppe wird nun erklärt, dass ein Schüler sehr unglücklich in der Klasse sei und man ihm gemeinsam helfen müsse.

Nun wird die Gruppe gefragt, was man tun könnte. Meistens kommen von den Schülern sofort Vorschläge: Man könnte sich mal in der Pause zu ihm stellen oder: «Ich könnte ja mal mit ihm nach Hause gehen.» Bevor sich die Gruppe wieder trennt, übergibt der Lehrer oder Schulpsychologe jedem Einzelnen Verantwortung dafür, dass sich der Schüler in der Klasse bald besser fühlt. Eine Woche später trifft man sich wieder – und bespricht, ob schon Erfolge zu verzeichnen sind.

Skeptiker verweisen allerdings darauf, dass «No Blame» nur dann Erfolg haben kann, wenn es in ein Gesamtkonzept der Schule gegen Mobbing eingebettet ist. Sobald Mobbing einmal erfolgreich läuft, hat der Täter wenig Grund, sich auf irgendwelche Ideen, die das Leben des Opfers verbessern sollen, einzulassen. Das heißt, ein Ansatz wie «No Blame» ist dann sehr stark, wenn das Mobbing erst in den Anfängen steckt.

Klare Ansagen

In der Auswertung eines landesweit in Finnland durchgeführten Interventionsprojekts, KiVa, deutet sich an, dass man ohne klare Ansagen an die Täter nicht auskommt, wenn ein lösungsorientiertes Vorgehen gegen Mobbing erfolgreich sein soll. Ähnliches stellte sich schon vor Jahren in Norwegen bei einem ähnlich groß angelegten Interventionsprojekt, ZERO, heraus: Das Leben eines Opfers kann sich in der Klasse nur dann verbessern, wenn unmissverständlich kommuniziert wird, dass «an unserer Schule keiner Achtung und Anerkennung gewinnen kann, wenn er es auf Kosten anderer versucht». Nur eine Schule, die hier als Gesamtheit äußerst konsequent und mit hoher Aufmerksamkeit agiert, hat eine echte Chance, Mobbing einzudämmen und Schüler, aber auch Lehrer vor der Degradierung einzelner zur Aufwertung anderer erfolgreich zu schützen.

Ein weiterer Schwachpunkt des «No Blame»-Ansatzes ist, dass diese Art der Intervention zu einem großen Teil in den Aufgabenbereich von Schulpsychologen fallen kann. Das lässt leicht übersehen, dass dem Klassenlehrer die zentrale Rolle bei der Vorbeugung und Intervention von Mobbing zukommt. Die Erkenntnis ist allerdings noch nicht annähernd tief genug ins Bewusstsein der Betroffenen, also der Lehrer, eingedrungen. Viele von ihnen betrachten sich stärker als Wissensvermittler denn als Pädagogen, obwohl der Bildungs- und der Erziehungsauftrag in der Aufgabenbeschreibung von Lehrern gleichwertig nebeneinanderstehen.

Viele Lehrer definieren sich vor allem über ihr Fach.

Lehrer sollten also begreifen, dass es fast einer unterlassenen Hilfeleistung nahe kommt, wenn sie Mobbing nicht beachten und nicht unterbinden. Allerdings muss man ein Phänomen kennen, um es zu erkennen. Wenn man über Mobbing nur weiß, dass die Opfer «ein bisschen verschroben sind», was vielleicht albern klingt, aber durchaus nicht selten vorkommt, kann man nicht sehen, dass die Papierkügelchen alle in eine Richtung fliegen. Dann begreift man nicht, was das Raunen zu bedeuten hat, das immer dann zu hören ist, wenn ein bestimmtes Kind sich zu Wort meldet – was sich in der Folge immer weniger melden wird, noch wird man verstehen, warum ein Kind, das man als ordentlich kennt, in entscheidenden Momenten – bei einer Schulaufgabe beispielsweise – seinen Füller nicht dabei hat und warum dieser Füller wie durch Zufall nach drei Minuten wieder auftaucht – nachdem man das Kind für die Vergesslichkeit getadelt hat.

Erst wer Mobbing versteht, kann es erkennen.

Zu fragen wäre, ob mangelndes Wissen Lehrer vor der Verantwortung schützt? Das dürfte nicht sein. Bei einem Blinddarmdurchbruch in Folge mangelnder diagnostischer Fähigkeiten des betreuenden Arztes wäre die Hölle los. Und die Konsequenzen langfristiger Mobbing-Erfahrungen sind für viele Opfer eine Hypothek, die sie ihr Leben lang mit sich herumtragen.

Kein Einzelfall

Manchmal bekommen Lehrer, die helfen wollen, sogar Gegenwind. Wie in Janinas Fall: Sie wird schon seit der fünften Klasse an der Gesamtschule von einem Klassenkameraden gemobbt. Als der Junge ihr in Anwesenheit der Lehrerin einen Kehrbesen ins Gesicht hält, reagiert die Lehrerin sofort: Sie stoppt den Jungen und fordert Janina auf, ihm umgekehrt den Besen auch ins Gesicht zu halten. Das tut das Mädchen etwas halbherzig.

Umgehend beschwert die Mutter des Jungen sich bei der Schule. Die Lehrerin wird zu einer Konferenz mit der Mutter des Jungen, der Sozialpädagogin und der Direktorin einberufen. Janinas Mutter wird nicht eingeladen, und auch später will niemand ihre Meinung zu der Angelegenheit hören. Die Lehrerin verhält sich nach diesem Zwischenfall deutlich zurückhaltender.

Als Janina etwas später vor der Schule auf eine Freundin wartet, spielt der Junge, der sie auf dem Kieker hat, mit Freunden Fußball. Er fängt an, sie zu beschießen. Dann bietet er den anderen Jungs 50 Cent für jeden Treffer an. Ein paar Jungs halten das Mädchen fest, die anderen schießen sie ab. Einer schmeißt ihr Fahrrad um, ein anderer wirft ihren Schulranzen in den Müllcontainer. Als ihre Freundin dazukommt, ist Janina völlig fertig. Mehrere Mädchen laufen zusammen und helfen Janina, gegen die Jungs anzukommen.

Der Junge, der den Schulranzen in den Müll geworfen hat, wird bestraft.

Janinas Mutter ist Elternvertreterin und schreibt genau auf, was ihre Tochter ihr erzählt, und geht damit zum Direktor. Er wisse von nichts, sagt er. Beim nächsten Elternabend gucken die Eltern des Jungen, der die Attacken gegen Janina anführt, und die Eltern des Jungen, der wegen des Schulranzens bestraft wurde, durch Janinas Mutter hindurch, als wäre sie Luft. Der Direktor muss also mit ihnen gesprochen haben. Mit Janinas Mutter spricht der Direktor allerdings nicht mehr.

Immer wenn Janina geschubst, in eine Ecke gedrängt oder gestoßen wird, sagt derjenige, der es getan hat, süffisant: «Entschuldigung.» So hat es die Schule verlangt. Wenn ein Angreifer «Entschuldigung» sagt, ist der Fall erledigt.

Als ein Basketball, zufällig von immer demselben Jungen abgeschossen, mit voller Wucht Janina ins Gesicht trifft, erzählt sie ihrem Vater davon. Sie ist so aufgelöst, dass der fast durchdreht. Da der Junge bei ihnen in der Nachbarschaft wohnt, fragt ihn Janinas Vater ganz direkt nach dem Vorfall. Er redet sich raus und sagt, das sei Zufall gewesen. Janinas Vater versucht, Kontakt zu den Eltern des Jungen aufzunehmen, aber die lehnen ab.

In der Schule erzählt der Junge herum, Janinas Vater habe ihn bedroht und gesagt: «Ich trete dir in die Eier.»

Als Janinas Schulranzen wieder einmal bei Regen aus dem Fenster in den Matsch fliegt, geht ihre Mutter zur Abteilungsleiterin der Gesamtschule und möchte erfahren, was die Schule zu tun gedenkt. Bisher seien weder die Sozialpädagogin, deren Aufgabe so etwas doch eigentlich sei, noch der Schulleiter je in die Klasse gegangen und hätten versucht, die Situation zu klären oder über Konsequenzen nachzudenken.

Die Abteilungsleiterin sagt zu Janinas Mutter, sie solle die Kinder nicht schlecht machen, die seien sehr gut.

Das Schlimme an dieser Geschichte ist, dass sich in der Mobbing-Beratung zeigt, wie oft wirklich schwere Fälle von Mobbing mit dem Versagen der Schule verknüpft sind, weil die Aufsichtspflicht sträflich vernachlässigt wurde. Und eine Aufsichtspflicht hat die Schule nicht nur, wenn es darum geht, Kinder vor körperlichem und seelischem Schaden durch Mitschüler zu schützen, sondern auch, wenn Kinder das Recht auf körperliche und seelische Unversehrtheit ihrer Mitschüler nicht oder nicht genügend beachten.

Das Selbstverständnis von Lehrern

Kaum ein Berufsstand ist dem Dazulernen (der anderen) so verschrieben wie der der Lehrer. Und kaum ein Berufsstand scheint zugleich so immun zu sein gegen den Gedanken, dass das Erkennen von Fehlern oder mangelnder Expertise der erste Schritt zu einem neuen Kompetenzverständnis ist. Ein verändertes Selbstverständnis bei Lehrern im Allgemeinen zu fordern ist illusorisch. Viele Lehrer haben das längst erkannt und verrichten an ihren Schulen einen bewundernswerten Job. Andere aber verschließen sich dem Gedanken – und so lösen sich Mobbing-Fälle manchmal tatsächlich einfach durch Lehrerwechsel: Pech gehabt, Glück gehabt.

Immerhin entscheidet ein einzelner Lehrer oft über ganze Schülerkarrieren und Lebensverläufe. Ein fundierter Ansatz wäre deshalb die Forderung nach einer stärker problemorientierten Lehrerausbildung oder zumindest entsprechenden Möglichkeiten zur Fortbildung. Denn Lehrer wollen Mobbing nicht nur nicht wahrhaben, weil sie es nicht kennen und in der Folge nicht erkennen. Es ist auch so, dass sie – oft sicher unreflektiert – häufig genau die Fehler machen, mit denen sie das Mobbing erst so richtig in Schwung bringen. Wenn eine Lehrerin an einer bayerischen Schule ein aus Hamburg zugezogenes Kind mit den Worten «Ach, dann kannst du ja nichts» begrüßt, bloß weil sie denkt, nur in diesem Bundesland würden die Kinder etwas lernen, öffnet sie den folgenden Hänseleien Tor und Tür.

Der Lehrer als Vorbild und Instrument des Täters

Lehrer fungieren als Modell. Was lernen die Schüler, wenn die Klassenarbeiten, was immer noch zu häufig der Fall ist, nach Noten zurückgegeben werden? Erst bekommen die schlechten Schüler ihre Blätter zurück, still kommentiert von einem ernsten Gesicht, dann werden die Arbeiten immer besser und die Kommentare immer freundlicher. Lehrer sagen auch gern Sätze wie: «Johnny, verstehst du das schon wieder nicht?» Oder: «Daniel, du hast auf dem Gymnasium einfach nichts zu suchen» und «Ich will nicht sagen, wer die schlechteste Note hat, aber Lorenz, das war mal wieder nichts.» Nichts ist leichter für einen strategisch klugen Täter, als sich an eine missbilligende Lehrermeinung anzuhängen.

Es gibt für Lehrer wie auch für Eltern einige Fallen, in die man tappen kann und dadurch zum Teil des Mobbing-Systems wird, anstatt konsequent und unbeirrbar dagegen vorzugehen. Oft heißt es: Das sind doch nur Kleinigkeiten. Es sind aber kleine Teile eines Systems, das seine Attraktivität auch daraus zieht, dass die dahinterstehende Logik dem Lehrer verborgen bleibt, weil er den Fokus auf die Handlung legt und nicht den Adressaten im Auge hat, der die Summe dieser Kleinigkeiten hinnehmen muss.

In der Folge werden Mobbing als funktionales Verhalten, die zugrunde liegenden Verhaltensmuster (systematisch und wiederholt gezeigtes Verhalten) und die Aggressivität systematischer Schikane dramatisch unterschätzt. Das Opfer verinnerlicht: Ich kann nichts dagegen tun. Es passiert alles nur mir, niemandem sonst. Mit jeder Attacke dreht sich die Spirale aufkommender und erlebter Hilflosigkeit weiter. Es ist dem Gefühl, dass die anderen sich alles erlauben können und stärker sind, vollkommen ausgeliefert. All diese Effekte kulminieren in dem totalen Vertrauensverlust des Schülers. Denn dort, wo er hin muss – weil er der Schulpflicht unterliegt –, kann er sich körperlich und seelisch nicht sicher fühlen, weil ihm entweder keiner glaubt oder keiner hilft oder keiner überhaupt merkt, wie schutzbedürftig er ist.

Ein durchaus natürlicher Impuls, wenn Mobbing plötzlich zum Thema wird: Alle Beteiligten suchen nach Gründen im Verhalten der betroffenen Person, des Opfers, weil alles zunächst unüberschaubar erscheint. Da werden aber die Folgen des erlebten Mobbings schnell als dessen Ursachen fehlinterpretiert: Er oder sie wird schon irgendwas getan haben, sonst würde er oder sie nicht so behandelt.

Überhaupt legen viele Lehrer sehr viel kritisches Augenmerk auf das Opfer. Wenn das beispielsweise zurückschlägt, ausrastet, Schüler verfolgt oder beschimpft, wird nicht selten diese Gegenwehr als aggressiver Akt empfunden und die Provokation, die das Opfer überhaupt erst dazu getrieben hat, übersehen. Die Schlussfolgerung lautet dann: «Da sind doch beide schuld.» Der Lehrer, der das Opfer für sein Verhalten dann erwartungsgemäß tadelt, ist unwissentlich zum Instrument des Täters geworden. Der Lehrer, der sagt: «Klärt das unter euch», wiederum duldet Mobbing und verstärkt es dadurch, weil die Kinder es als erlaubt betrachten.

Die Gegenwehr des Opfers wird verurteilt – und bestraft.

Besonders geschickte Täter erkennen darin eine weitere Chance. «Wir haben den festgehalten, er ist auf dem Gang gelaufen, das darf man doch nicht», hört der Lehrer, der nicht gesehen hat, dass das laufende Kind von den anderen gejagt wurde. Kinder, die es beherrschen, den Lehrern gegenüber ein sehr korrektes Verhalten an den Tag zu legen, können sich ihren Mitschülern gegenüber fast alles erlauben. Viele Lehrer sind gar nicht gut darin, die Machenschaften dieser kleinen Machiavellisten zu entdecken. Auch Schüler mit guten Leistungen scheinen einen unsichtbaren Schutz zu genießen, weil Täter in der Vorstellung vieler Lehrer dumm, stark und sozial inkompetent sind. Einem eloquenten Akademikerkind wird das Schikanieren anderer in der Regel weniger zugetraut als einem Kind aus einer Familie mit niedrigerem Bildungsstand, das nicht so witzig und charmant ist.

Gerade Lehrer sollten aber in der Lage sein, Mobbing von einem Konflikt zwischen zwei Kindern oder harmlosen Hänseleien zu unterscheiden. Und sie sollten es als Teil ihrer Aufgabe betrachten, bereits dann entschieden einzugreifen, wenn sie eine Art der Aggression verspüren, die zu Mobbing führen könnte, und umso entschiedener, je sicherer sie sich sind, dass es sich um Mobbing handelt. Reagieren sie nicht, führt ihr Verhalten in jedem Fall zur Verstärkung der aggressiven Aktionen. An Schulen gibt es für alles Regeln und für deren Übertretung Sanktionen. Wenn Schüler dafür bestraft werden, dass sie eine Papiertüte auf dem Schulhof fallen lassen oder im Treppenhaus rennen oder Kaugummi im Unterricht kauen, aber bei Mobbing nicht reagiert wird, bleibt ihnen nur eine Schlussfolgerung: Das muss wohl in Ordnung sein – es sagt ja keiner etwas.

Erziehung zur Zivilcourage

Das Präventionskommissariat der Münchner Polizei hat ein Training entwickelt, das als gut konzipiert und sinnvoll zur Prävention von Mobbing gilt: «Aufgschaut und Zammgrauft» bietet Drei-Tage-Trainings für Lehrer an, bei denen sie im Umgang mit alltäglichen kritischen Situationen lernen, ihren eigenen Blick für Unstimmigkeiten und Gefahren zu schärfen und dahingehend ausgebildet werden, diese Trainings wiederum an Kinder und Jugendliche weiterzugeben – nach dem Motto «train the trainer». In fünf Schritten folgt das Training sozialpsychologischen Theorien zum individuellen und kollektiven Verhalten in Notsituationen: Was hält Menschen eigentlich davon ab, zu helfen, wenn andere in Not sind?

Während des Multiplikatorentrainings lernen die Teilnehmer in Rollenspielen, 1. kritische Situationen überhaupt wahrzunehmen, sie 2. adäquat als Notfall zu interpretieren und 3. Verantwortung zu übernehmen, bis sie 4. die Möglichkeiten erwägen, einzugreifen und 5. Empathie für die Opfer zeigen.

Die Rollenspiele (beispielhaft) in ihrer Reihenfolge:

Schritt 1: **Wahrnehmungsübung**

Die Teilnehmer werden gebeten, die Augen zu schließen und – jeweils für sich – Fragen über den Seminarraum zu beantworten: Wie viele Fenster, Lampen, Lichtschalter, welche Farbe haben die Wände, was für Bilder hängen etc.

Ziele: Verdeutlichung, wie viele Dinge Menschen außer Acht lassen, Schulung der Beobachtungsfähigkeit.

Schritt 2: **Notfall erkennen**

Unterschiedliche Dinge werden auf Karten geschrieben, zum Beispiel:

Zigaretten klauen
An der Fahrradbremse von jemandem herumbasteln
Mit 90 km/h durch einen Ort fahren
Jemanden «Vollidiot» nennen
Lehrerin wird von der Klasse geärgert
Ein Junge hat ein Butterflymesser dabei
Im Kaufhaus eine CD klauen
Eine weiße Wand mit Graffiti beschmieren
Bei einer Schlägerei zusehen
Jemanden auslachen
Jemanden provozieren
Einen Hund schlagen
Ein Mädchen wird wegen ihrer Kleidung gehänselt
Einen «Polenwitz» erzählen
Springerstiefel tragen
Ein Polizist mit Pistole
Ein Jäger mit Gewehr
Boxkampf
Computerspiele
Ein Schüler sagt: «Neben der mag ich nicht sitzen»

Ein Junge gibt jeden Tag 5 Euro an zwei Ältere, weil «sonst was passiert».

Die Gruppe der Teilnehmer verteilt die Karten auf einer Notfall-Skala von null Prozent (kein Notfall) bis hundert Prozent (sehr großer Notfall). Es darf diskutiert und die Karten dürfen beliebig umgelegt werden.
Ziele: Die Teilnehmer lernen, Notfallsituationen zu interpretieren. Sie lernen auch, dass Menschen die Dinge unterschiedlich betrachten, dass Gewalt, Aggression und Not nicht von allen gleich eingeschätzt werden und dass die wichtigste Perspektive die des Opfers ist.

Schritt 3: **Verantwortung übernehmen**
Die Teilnehmer stellen sich auf ihre Stühle, die in der Mitte zusammengestellt sind. Nach und nach werden von außen immer mehr Stühle entfernt, sodass die Teilnehmer näher zusammenrücken und sich gegenseitig festhalten müssen, damit niemand herunterfällt.
Ziele: Die Teilnehmer lernen, Verantwortung für andere zu übernehmen, die ohne ihr Eingreifen um- oder abstürzen würden.

Schritt 4: **Entscheiden, wie zu helfen ist**
Es werden zwei gleich große Gruppen gebildet, die sich in je einer Reihe gegenüberstehen. Die eine Gruppe bleibt stehen, die andere geht mit drohender Mimik und Gestik auf die andere zu. An einem Punkt, an dem jeder denkt, seine Grenze würde jetzt überschritten, versucht er durch ein lautes «Stopp» den Angreifer zum Stehen zu bringen.
Ziele: Die Teilnehmer lernen, dass Regeln schützen.
Sie lernen, dass sie notwendige Grenzen setzen müssen.
Sie erfahren die Schwierigkeit, aber auch die Möglichkeit, in der Öffentlichkeit Mimik, Gestik, Körpersprache und Stimme einzu-

setzen, und sie erfahren, dass man oben Genanntes üben muss, um es im Alltag effektiv einsetzen zu können.

Schritt 5: **Empathie zeigen**

Die größere Gruppe der Teilnehmer bildet einen Kreis, zwei von ihnen müssen den Raum verlassen. Den Teilnehmern drinnen wird eingeschärft, die draußen auf keinen Fall in den Kreis hineinzulassen, egal, was sie tun. Denen draußen wird eingeschärft, alles zu versuchen, um in den Kreis drinnen hereinzukommen. Das Spiel dauert höchstens drei Minuten. Dann wird darüber gesprochen, wie die Teilnehmer sich dabei gefühlt haben.

Ziele: Die Teilnehmer lernen, wie es ist, sich ausgegrenzt zu fühlen, und dass noch so kluge Strategien nichts helfen, wenn die anderen geschlossen einer Anweisung folgen. Und sie erfahren, welche Auswirkungen Ausgrenzung auf das Erleben und Verhalten von Personen haben kann.

Diese Zivilcourage-Trainings, die viele weitere Spiele enthalten, die Sensibilität schulen, Wissen erweitern und Handeln trainieren, sind sehr begehrt, die Wartelisten lang. Spielerisch wird so wahrgenommen, gelernt und geübt, aber auch Gemeinschaft erfahren. Und tatsächlich haben Evaluationsstudien gezeigt, dass Gewalt und Mobbing dort, wo sie implementiert werden, über einen längeren Zeitraum abgenommen haben. Allerdings zeigt sich hier auch, wie wichtig umfassendes Lernen und Nachhaltigkeit sind. Schulen, in denen alle Elemente des Programms umgesetzt wurden, erzielen bessere Ergebnisse als solche, die nur Teile anwenden. Dort, wo immer wieder auf das, was mit dem Programm gelernt wurde, zurückgegriffen wird, bleibt es in den

Nachhaltigkeit ist der Kern des Erfolgs.

Köpfen von Schülern und Lehrern lebendig. Das Gesetz der sozialen Bewährtheit greift. Und nur so haben Prävention und Intervention eine Chance, im Miteinander der Schüler eine Veränderung zu bewirken.

Effiziente Mittel der Prävention und Intervention

Wünschenswert wäre, dass Lehrer sich ihrer einzigartigen Rolle im Klassenzimmer auch in sozialen Belangen bewusst sind und verstehen, wie Mobbing und Tendenzen antisozialen Verhaltens durch das erzieherische und soziale Klima an einer Schule und im Klassenzimmer beeinflusst werden. Also sollten sie die Prävention und gegebenenfalls die schnelle und entschiedene Intervention bei Mobbing nicht mehr als Zusatzaufgabe betrachten, sondern als originären Bestandteil ihrer Aufgabe als Lehrer. Je mehr Bedeutung Lehrer sich und ihren Kollegen als Quelle der Veränderung bei Mobbing-Problemen zuschreiben, desto wahrscheinlicher werden sie selbst sich gegen Mobbing in ihrer Klasse engagieren und spezifische Aktionen eines Programms durchsetzen.

Lehrer sollten sich über ihre Rolle im Klassenzimmer klar sein.

Und damit beherztes Eingreifen bei Mobbing und ein effizienter Schutz der Opfer nicht dem Zufall überlassen bleiben, wäre eine eindeutige und eindeutig kommunizierte Rechtsgrundlage, die die Verantwortung von Lehrern und der Schule als Ganzes unmissverständlich formuliert, zu fordern. Zumindest würde es dadurch auch weniger leicht für Schulen, die beispielsweise Eltern vergraulen, weil diese wegen der Misshandlungen ihres Kindes durch einen oder mehrere Mitschüler und der konstanten Untätigkeit der Schule irgendwann (und auf Empfehlung von Kinderarzt, Jugendamt und dem Präventionsbeamten der Polizei) nur noch den Weg einer Anzeige sehen.

Ein Vorbild könnte Schweden sein, wo Eltern und Opfer sich bei einer Ombudsfrau beschweren können, wenn ihre Schule der Pflicht, das gemobbte Kind zu beschützen, nicht nachkommt. Die Schule muss dann nachweisen, dass sie ein effizientes System zum Schutz der Kinder praktiziert. Kann sie das nicht überzeugend darstellen, muss sie mit erheblichen Konsequenzen rechnen. Es darf angenommen werden, dass der präventive Aspekt einer solchen staatlichen Regelung den sanktionierenden Aspekt weit übersteigt.

Auf einen Blick

- Wenn Mobbing passiert, stehen Lehrer im Zentrum des Geschehens; ihnen obliegt die Verantwortung, Mobbing rechtzeitig zu erkennen, gegenzusteuern und es letztlich zügig zu unterbinden.
- Häufig stehen Lehrer einem Mobbing-Vorfall in der Klasse still und hilflos gegenüber – statt Unterstützung von Kollegen und dem Schulleiter zu suchen, um einen Lösungsplan zu entwickeln.
- Nicht selten verstärken Lehrer Mobbing, weil sie aggressive Interaktionen für einen Konflikt halten und nur die vielen Kleinigkeiten sehen, statt zu erkennen, dass alle Aktionen in eine Richtung, nämlich auf ein Opfer, zielen. Ein weiterer Grund ist, dass Lehrer oft die Täter unterschätzen.
- Wenn Lehrer Mobbing missdeuten oder sich gar durch Täter instrumentalisieren lassen, bedeutet das einen Erfolg für die Täter.
- Wenn Lehrer ihre Rolle als normgebende Instanz in der Klasse nicht annehmen oder ausfüllen, entsteht ein Machtvakuum, das Schüler zum Beispiel mit Mobbing ausfüllen können.

6 Die schwierige Rolle der Eltern

Angst und Nervenkrieg

Die Sorge um das eigene Kind

Katharinas Mutter hat ihr ganzes Leben im Dorf verbracht. Sie lebt mit ihrer Familie in einem kleinen Haus am Berg, das sie und ihr Mann damals neben ihrem Elternhaus gebaut haben. Und sie haben auf ziemlich engem Raum gewohnt, als noch alle Kinder im Haus waren. Nun sind die beiden großen Töchter ausgezogen, Katharina und Anna, nur die 14-jährige Carolin ist noch da. Die Eltern schlafen trotzdem immer noch im Wohnzimmer, irgendwie haben sie sich daran gewöhnt. Jeden Abend ziehen sie ihr Bett aus dem Regal und jeden Morgen schieben sie es wieder zurück, damit es aus dem Blickfeld verschwindet.

Katharinas Mutter bringt Kaffee in den Garten. Die große Glastür, die von der Küche nach draußen führt, steht offen. Das Häuschen platzt aus allen Nähten; dabei wirkt es gemütlich, nicht unübersichtlich. Im bäuerlichen Garten plätschert ein Brunnen, die Geranien blühen, der Hund bettelt – alles stimmt. Katharinas Mutter trägt eine dicke lilafarbene Strickjacke gegen den kühlen Herbstwind und setzt sich an den runden grünen Holztisch, an dem eine fünfköpfige Familie leicht Platz hat. Die dunkelhaarige Frau, eine jung gebliebene Mittvierzigerin, lächelt, wirkt locker, unkompliziert, geradeheraus.

Sie erzählt, wie das alles für sie gewesen ist, als Mutter. Katharina als älteste Tochter war ihr erstes Kind, das zur Schule ging. Und Katharina ging auf dieselben Schulen, auf die ihre Mutter auch schon gegangen ist: erst auf die Grundschule im Dorfkern und dann auf das Gymnasium am Ortseingang. Katharinas Mutter hatte sich vorgenommen, sich nicht vorschnell in die Angelegenheiten der Kinder einzumischen, sich also nicht löwenmutterartig in jedem Fall vor ihr Kind zu werfen.

Doch dann, als Katharina in der sechsten Klasse war und verzweifelt sagte, dass sie die Schule nicht mehr aushalten und sich am liebsten umbringen würde, war es aus mit der Gelassenheit der Mutter.

Die Frau, die sicher nicht dazu neigt, Dinge zu dramatisieren, schildert den Moment, in dem sie begriffen hat, wie schlimm es um ihre Tochter steht, unaufgeregt, in ihrem weichen Allgäuer Dialekt. Sicher, sie wusste, dass es nicht gut lief mit Katharina und den anderen Kindern, denn es kam ja nie jemand zu ihnen nach Haus, und eingeladen war Katharina auch nirgends.

«Aber für eine Mutter ist das eine Gratwanderung», sagt sie. «Man kennt doch all die Mütter, die ihren eigenen Kindern nichts Böses zutrauen, nur den anderen. Und man will nicht aufs eigene Kind gucken, als hätte es keine Schwächen, und bei jeder Kleinigkeit hysterisch werden.»

Also dachte sie: Vielleicht zickt die Tocher ja rum. Und: Erst mal abwarten, ob sich das nicht alles wieder legt.

Doch es legte sich nicht wieder. Und nun bekam sie Angst um ihr Kind, richtig Angst. Sie wusste ja, dass Katharina stark war. Und so wusste sie auch, dass ihre Tochter am Ende sein musste, wenn sie so einen Satz formulierte. Das war nicht so dahergesagt, das war nicht die Drohung eines Teenagers, der Aufmerksamkeit sucht, das war ernst gemeint.

Sie ging zum Klassenlehrer, der sie, wie bereits geschildert, einigermaßen freundlich, aber kühl abfertigte. Sie ging zum Deutschlehrer, der menschlich reagierte, echte Erschütterung zeigte, aber auch nichts tat.

Dann ging sie zu Jennifers Mutter, allerdings ohne sich vorher anzumelden. Die Frauen kannten sich, sie grüßten sich, wenn sie sich beim Tanzen begegneten. Das Hobby hatten sie damals gemeinsam, und das haben sie auch heute noch gemeinsam. Aber Freundinnen waren sie keine und sind es heute erst recht nicht.

Sie klingelte. Jennifer öffnete die Tür. Als sie sah, dass Katharinas Mutter da stand, brach das zwölfjährige Mädchen in Tränen aus.

Katharinas Mutter fragte, eindringlich, hilflos, verzweifelt, aber ganz und gar ohne Vorwurf in der Stimme: «Was ist denn los? Was ist denn eigentlich los? Ich möchte nur mal hören, was los ist. Ich möchte mit euch reden, wo denn das Problem ist, ihr habt euch doch früher so gut verstanden.»

Da kam Jennifers Mutter angelaufen und schrie, hektisch: «Jennifer, ich steh immer hinter dir, ich steh immer hinter dir.»

Katharinas Mutter war noch ratloser angesichts des dramatischen Auftritts. Sie fragte weiter: «Bitte, versuch doch, mir zu erklären: Was ist denn bloß los?»

Da fing das Mädchen an zu reden: «Ja, die Katharina hat immer so seltsame Klamotten an. Und komische Ohrringe. Und ihre Hobbys ...»

Katharinas Mutter verstand nicht. Sie sagte, wieder so eindringlich: «Aber das kann doch nicht der Grund sein, jemanden so niederzumachen.»

Sie versuchte, Jennifer und ihrer Mutter, die jetzt neben ihrer Tochter stand und sie beschützend im Arm hielt, zu erklären, wie schlecht es Katharina ging. Jennifers Mutter sagte dann kühl, sie sei eigentlich ganz froh, dass Jennifer Katharina links liegen ließ. Katharinas Mutter merkte, dass überhaupt nicht ankam bei den beiden, wie es um Katharina stand. Sie merkte auch, dass die beiden froh sein würden, wenn sie wieder weg wäre. Und dass sich nichts ändern würde.

Heute sieht sie Jennifers Mutter weiterhin beim Tanzen, doch die beiden grüßen sich nicht mehr. Jennifers Vater kommt seit jeher zu ihnen ins Haus, um dort Elektroarbeiten zu verrichten. Katharinas und Jennifers Vater haben nie ein Wort über ihre Töchter verloren, denn wenn ein Mann im Dorf zu einem anderen Mann sagen würde: «Ich glaube, deine Tochter mobbt meine Tochter», dann würde er für verrückt erklärt: «So ein neumodernes Zeugs, daran glaubt hier doch keiner.» Oder es würde heißen: «Dann soll sie sich doch wehren. Notfalls mal kräftig zurückhauen.»

Katharinas Mutter wandte sich in ihrer Not an Florians Eltern. Sie rief an, weil sie die Familie so gut wie nicht kannte. Doch auch dort konnte sie nichts ausrichten. Florians Mutter warf ihr am Telefon vor, sie würde ihren Sohn verleumden. Sie war wie taub auf dem Ohr, dass es ja Katharina war, der es schlecht ging, und nicht ihr Sohn. Die Eltern, erkannte Katharinas Mutter, trauten ihren Kindern nicht das zu, was sie taten, sonst hätten sie anders reagiert.

Die Eltern von Jennifer und Florian müssen wirklich gedacht haben, sagt Katharinas Mutter heute, dass ihre Tochter überempfindlich gewesen ist und sich angestellt hat. Und dass sie eigentlich selbst schuld war an ihrer Isolation und ihrem Unglück. Ihre eigenen Kinder waren schließlich keine Unmenschen.

Der Klassenelternsprecher reagierte auf den Besuch von Katharinas Mutter mit den Worten: «Das muss ich mit dem Klassenlehrer besprechen.»

Das Resultat dieser Besprechung war, dass sich Klassenlehrer und Klassenelternsprecher darüber einig waren, dass es überhaupt kein Problem zwischen den Kindern gab, sondern nur eins zwischen den Müttern.

Als Florian dann so weit ging, Katharinas Schwester Anna auf ihrem Schulweg zu drohen, sie fertigzumachen, weil sie die kleine, blöde Schwester war, wusste Katharinas Mutter, dass sie nicht noch einmal zu den Eltern gehen musste.

«Da bin ich fast verrückt geworden», sagt sie, heute noch aufgeregt. Sie wollte sich den Jungen vorknöpfen, aber der lief vor ihr davon. Dann passte sie ihn eines Tages ab, so wie er ihre Tochter abgepasst hatte, und schnappte ihn sich:

«Wenn du der Anna auch nur ein Haar krümmst, dann dreh ich dir den Kragen um», drohte sie. «Dann lernst du mich mal kennen.»

Florian lebt heute noch im Dorf. Er kann Katharinas Mutter nicht in die Augen schauen.

Nervenkrieg in der ganzen Familie

Die Erscheinung von Maximilians Mutter ist zart und mädchenhaft, was nicht zu ihrer auffällig kräftigen, resoluten Stimme passen will. Sie hat lange, dunkle Haare, die zu einem schwingenden Pferdeschwanz zusammengebunden sind, der glatt geföhnte Pony fällt ihr bis fast in die Augen. Sie streicht sich oft über die feingliedrigen Hände, als wollte sie die Haut glätten. Sie kann zerbrechlich wirken und im nächsten Moment wieder zäh, als könnte sie alles aushalten. Sie schüttelt oft den Kopf, matt und resigniert, und schaut auf den Boden vor sich.

«Wir sind körperlich und nervlich am Ende», sagt sie. Der Fall Maximilian stellt die ganze Familie auf die Probe. «Er geht ja nicht nur über seine Grenzen», sagt sie, «sondern auch über meine. Vor allem über meine.»

Sie erzählt von einer Episode, die sich kürzlich ereignet hat. Da wusste sie nicht mehr weiter und fragte sich, wie weit es mit ihnen allen schon gekommen war. Konnte sich überhaupt noch einer aus der Familie normal verhalten?

Sie sagte zu Maximilian: «Du musst dir die Haare schneiden lassen.»

Nichts Schlimmes also; Maximilian wollte aber nicht zum Friseur. Er war bockig, weigerte sich, sie bestand darauf, weil seine Haare zu lang waren. Da fing er an zu weinen, er wollte sich die Haare nicht schneiden lassen, nein, das wollte er auf keinen Fall, das würde er nicht mit sich machen lassen. Immer bitterlicher weinte er. Er steigerte sich in einen hysterischen Zustand hinein, dem Anlass natürlich überhaupt nicht angemessen.

Er schrie: «Keiner versteht mich, alle sind gegen mich.»

Und ja, alle waren gegen ihn. Keiner verstand ihn. Er war ja auch nicht zu verstehen. Die Schwestern waren genervt, weil er so ein Theater machte. Der Vater war genervt, weil er so ein Theater machte. Und eigentlich war die Mutter auch total genervt, weil er so ein Theater machte. Aber alle hatten ein schlechtes Gewissen dabei, so genervt und gegen ihn zu sein, eben weil sie ja gleichzeitig wussten, warum Maximilian sich fühlte, als wäre alle Welt gegen ihn. Sie wussten, dass es stimmte. Nur: die Familie war die falsche Adresse.

Und vielleicht, dachte seine Mutter plötzlich, kam es ja häufiger vor, dass Maximilian es so empfand, als wären die Leute gegen ihn. Oder es darauf anlegte, unbewusst natürlich. Der Gedanke, merkte Maximilians Mutter, war nicht tröstend, sondern im Gegenteil noch verunsichernder.

Denn einer musste dem Kind ja die Stange halten. Einer

musste auch dafür sorgen, dass es sich die Haare schneiden ließ. Also überwand die Mutter ihren Groll, beruhigte erst sich selbst und dann ihren Sohn. Sie sprach mit ihm, leistete geduldige Überzeugungsarbeit und wusste zugleich, dass er begreifen musste, dass sich nicht alles um ihn drehen konnte. Sie wollte auch, dass er begriff, dass diese «Alle-sind-gegen-mich»-Geschichte eine Inszenierung war.

Aber wie soll man das einem 11-Jährigen klarmachen?

Schließlich setzte sich Maximilian aufs Fahrrad und fuhr zum Friseur. Die Kraft der Mutter war fast aufgebraucht. Sie hatte einen kleinen Sieg errungen, einerseits. Andererseits war ihr aber auch wieder einmal klar geworden, wie sehr ihr Sohn mittlerweile in der Opferrolle gefangen war.

Später versuchte sie ihm zu erklären:

«Du kannst nicht damit rechnen, dass sich alle immer um dich kümmern.»

Da sagte er: «Mir geht es aber schlecht.»

Sie sagte: «Wenn man krank ist, muss man auch gesund werden wollen.»

Er fragte: «Wie soll das gehen, bei mir?»

Sie antwortete: «Indem du zum Beispiel in die Schule gehst. Denn wenn du nicht gehst, bleibst du krank. Das heißt, du kommst nicht raus aus deiner eigenen Spirale, und dann sind alle anderen um dich herum ohnmächtig. Sie können dir nicht helfen. Ich kann dir nicht helfen.»

Das Mutter-Tochter-Verhältnis leidet

In der Zeit, in der Katharinas Mutter erkennt, wie verzweifelt ihre Tochter ist, versucht sie, sie nach Kräften zu unterstützen. Es entwickelt sich ein enges Verhältnis zwischen den beiden. Das war vorher nicht so. Die Mutter versucht, der Tochter die Freunde zu ersetzen.

Doch dann kommt Katharina in die Pubertät, und die Mutter ist noch einmal schwanger. Katharina muss zurückstecken. Das geht nicht immer gut. Katharina ist unglücklich, aber leistungsstark in der Schule. Ihre Schwester Anna ist glücklich, schreibt aber selten gute Noten. Wenn Anna mal eine Zwei in Mathe nach Hause bringt, freuen sich die Eltern, weil sie nicht daran gewöhnt sind. Sie sind natürlich auch stolz auf Katharinas gute Noten, aber äußern das nicht ständig.

Das findet Katharina ungerecht. Sie fängt an, mit ihrer Mutter zu streiten. Lässt nicht locker. Die Mutter, schwanger und später mit Baby, fürchtet sich irgendwann vor diesen endlosen Diskussionen. Wenn sie sagt: «Schluss jetzt, ich kann nicht mehr», ist Katharina sauer, weil ihre Mutter die Sache nicht ausdiskutiert. Aber es gibt kein Aus, kein Ende bei Katharina.

Das Verhältnis von Mutter und Tochter wird immer angespannter. Die Mutter leidet unter ihrem schlechten Gewissen fast genauso sehr wie unter den ewigen Diskussionen. Katharina ist so bedürftig, weil sie in der Schule zu kurz kommt, das ist der Mutter natürlich klar. Aber sie kann das Loch nicht füllen, sie arbeitet schließlich und hat zwei weitere Kinder.

Oft traut sie sich gar nicht, Katharina zu fragen, wie es in der Schule war. Aus Angst vor der Antwort. Beide Eltern versuchen Zuspruch zu leisten, sie zu ermutigen, aber manchmal denken sie, dass es ohnehin nichts hilft. Es ist so schwierig, etwas zu sagen, was die Tochter aufbaut, ohne Unsinn zu reden. Mit der Zeit werden alle sehr empfindlich.

Es gibt oft Streit, weil Katharinas hohe Ansprüche an die Mutter immer wieder enttäuscht werden. Vielleicht nimmt sie ihrer Mutter übel, dass die ihr nicht helfen kann. Das

Mädchen merkt sich jeden Satz der Mutter, wenn diese zornig wird, und schmiert ihn ihr bei nächster Gelegenheit aufs Butterbrot. Dabei muss die Mutter nur mal Dampf ablassen und meint viele Dinge gar nicht so, wie sie spontan herauskommen. Aber Katharina nimmt alles ernst und kann nur schwer verzeihen. Einmal sagt sie selbst abfällig zu ihrer Mutter: «Kinder haben und putzen gehen – das würde mir nicht reichen im Leben.» Die Mutter ist darüber sehr gekränkt, weil sie ihren Beruf für die Kinder aufgegeben hat.

Als schon mehrere Jahre vergangen sind, Katharinas Situation sich nicht verbessert hat, die Eltern begriffen haben, dass ihnen niemand helfen wird und ihnen klar ist, dass die Tochter um jeden Preis das Abitur auf dem Gymnasium im Dorf machen will, sagen die Eltern einmal zu ihr, überzeugt:

«Katharina, da musst du jetzt durch. Du schaffst das.»

Der ehrlichste, beste Satz, den sie je sagen.

Und Katharina schafft es.

Ihre Mutter sagt jetzt, rückblickend:

«Das einzig Positive, was aus der ganzen Geschichte geworden ist: Meine beiden anderen Töchter haben einen untrüglichen Instinkt für Ungerechtigkeiten entwickelt, sind sehr sozial und setzen sich für andere ein.»

Wie kann man wissen, was genau ein Kind fühlt?

Bei Maximilian kümmert sich die Schule um seinen Fall, so gut es geht. Der Klassenlehrer telefoniert abends oft lange mit Maximilians Mutter, er hat den Jungen genau im Auge und versteht es als seine Aufgabe, ihn zu schützen. Und doch macht er sich große Sorgen, nicht so sehr um Maximilians Sicherheit in der Schule, sondern um seine Arbeitshaltung und die Art, mit der er seine Eltern tief verunsichert. Man müsste jetzt anfangen, Maximilian vor sich selbst zu schützen.

Die Schule meint: «Die Eltern machen es sich zu leicht, weil sie ihn ständig zu Hause lassen. Und ihn nicht zu den Hausaufgaben zwingen.» Er muss seine Arbeit machen, sonst kommt er nicht weiter.

Der Klassenlehrer weiß, wie wichtig es ist, mit den Eltern zu kooperieren. Er muss sie ins Boot holen, sagt er, damit der Junge von allen Seiten dieselben Ansagen bekommt.

Maximilians Mutter findet aber nicht, dass sie es sich leicht macht. Nach wie vor glaubt sie an die Angst, die ihr Sohn vor der Schule hat. Wie könnte sie ihm nicht glauben? Einen ganzen Monat lang fährt sie ihr Kind morgens zur Schule – nicht, weil sie es sich leicht machen möchte, sondern weil sie Angst hat, dass ihr Sohn sich auf dem Weg in die Schule etwas antut.

Wer kann sagen, wie ein Kind empfindet? Auch wenn objektiv die Bedrohungen für Maximilian in der neuen Schule und in der neuen Klasse nachgelassen haben – wer kann sagen, dass er das auch so empfindet? Bei Kindern verschwimmen die Grenzen zwischen eingebildetem Leid und wahrhaftigem Leid manchmal so sehr, dass das eingebildete Leid wahrhaftig wird. Wie soll eine Mutter darüber entscheiden, ob ihr Sohn zu Recht Kummer hat oder nicht?

Die Kommunikation zwischen den Eltern und der Schule funktioniert. An einem Strang ziehen sie trotzdem nicht.

Wie Eltern helfen können

Zwischen Ahnungslosigkeit, Sorge und Ohnmacht

Den Eltern von Kindern, die gemobbt werden, fällt eine besonders undankbare Rolle zu. Natürlich möchten sie ihrem Kind helfen, es beschützen, dem Spuk ganz schnell ein Ende machen, aber de facto ist ihr Handlungsspielraum sehr begrenzt. Das wiegt schwer, weil sie dennoch die elterliche Verantwortung tragen. Und Eltern eines Kindes, das gemobbt wird, können viel falsch machen, was ihre Situation angesichts der Sorge um das Wohl ihres Kindes nochmals schwieriger macht. Merke ich als Elternteil, dass mein Kind leidet, versuche ich, es von der Quelle des potenziellen Schadens fernzuhalten. Was aber, wenn die Quelle des Schadens die Schule ist und ich als Elternteil verpflichtet bin, sicherzustellen, dass mein Kind der Schulpflicht nachkommt?

Eltern sind voll verantwortlich, können aber nur wenig tun!

Zunächst müssen Eltern überhaupt merken, dass mit ihrem Kind etwas nicht stimmt. Das ist nicht einfach, denn nur eines von zwei Opfern berichtet zu Hause davon. Die Kinder und Jugendlichen scheuen davor zurück, sich mitzuteilen, weil die Dinge, wenn sie einmal erzählt sind, erst wirklich wahr werden. Solange man versucht, alles mit sich selbst abzumachen, hat man noch die Hoffnung, dass es sich eines Tages von selbst erledigt. Ist die Angelegenheit aber einmal ausgesprochen, muss man sich damit auseinandersetzen.

Außerdem haben die Kinder meistens Angst davor, dass die Situation endgültig außer Kontrolle gerät, je mehr Menschen sich einmischen. Oder sie haben, oft zu Recht, die Vermutung, dass sich nichts ändern wird, wenn die Eltern sich einschalten. Oder dass alles noch schlimmer wird, wenn die Eltern sich einschalten. Wie bei Katharina, deren Peiniger ihr nach der Stunde, in der der Lehrer der Klasse einen Vortrag über Mobbing im Allgemeinen hält, weiter drohen.

Doch wie sollen Eltern bemerken, dass etwas in der Schule schiefläuft, wenn ihr Kind nicht gerade jeden Tag mit unerklärlichen körperlichen Verletzungen nach Hause kommt (und auch dann ist nicht gesagt, dass es wahrheitsgemäß alles erzählt)?

Wie leicht es ist, nichts zu wissen

Josefines Eltern merken lange nicht, was mit ihrem Kind geschieht. Das Mädchen geht in die achte Klasse eines zweisprachigen Gymnasiums in Berlin. Beide Eltern arbeiten. Josefine ist gut in der Schule, deshalb fragen die Eltern nicht häufig, wie es läuft. Das ist ja meistens so: Wenn äußerlich alles gut ist, kommt keiner darauf, dass es auch eine andere Wirklichkeit geben könnte.

Aber Josefine ist nie bei anderen Kindern eingeladen, nicht nachmittags und auch nicht zu Geburtstagsfeiern. Sie ist nie verabredet, geht im Winter nicht mit Freundinnen Schlittschuh laufen und im Sommer nicht mit einer Clique im Baggersee schwimmen. Sie ist fast immer allein zu Haus. Sie liest leidenschaftlich gern und hat einen Hund, mit dem sie lange, einsame Spaziergänge macht.

Josefines Mutter findet zwar, dass ihre Tochter nicht nur allein, sondern auch unglücklich wirkt. Aber sie will keinen Aufstand machen und beruhigt sich selbst: Gott, denkt sie, das Kind ist dreizehn, kommt in die Pubertät, das ist ja sowieso eine Art Ausnahmezustand. Die eine zieht sich zurück, die andere plaudert ständig mit Freundinnen. Da steckt man nicht drin. Wenigstens hängt sie nicht den ganzen Tag vor dem Computer.

Aber Josefines Reizbarkeit nimmt langsam Formen an, die für die ganze Familie zur Belastung werden. Der kleine Bruder stöhnt wegen ihrer Zickigkeit, und die Eltern fangen an, sich Sorgen zu machen, weil sie kaum noch aus ihrem Zimmer kommt, und wenn, dann zieht sie ein langes Gesicht. Die Mutter fragt die Tochter, ob sie nicht Lust hat, jemanden am Wochenende einzuladen. Sie könnten alle zusammen ins Kino gehen. Josefine reagiert aggressiv: Ihre Mutter soll sich bloß nicht einmischen, sie lieber in Ruhe lassen, sie will sich nicht von Erwachsenen erzählen lassen, was Jugendliche unternehmen könnten, das weiß sie schon selbst. Aber sie hat eben keinen Bock.

Gut, denkt die Mutter gekränkt, wenn sie nicht will. Eigen ist ihre Tochter immer gewesen, ganz anders als der unkomplizierte Sohn. Schon auf dem Spielplatz ist Josefine aufgefallen. Sie hatte eine Wut im Bauch, keiner wusste, woher die kam. Sie konnte anderen Kindern gegenüber ziemlich rabiat werden, und die Mutter hatte oft das Gefühl, sich bei deren Eltern für ihr kleines zorniges Mädchen entschuldigen zu müssen.

Opfer fürchten sich oft davor, dass die Eltern sich einmischen – und alles verschlimmern.

Irgendwann fängt Josefine morgens an, nicht mehr aus dem Bett zu kommen. Die Mutter weckt sie immer wieder und versucht dabei, freundlich zu bleiben, obwohl ihre Tochter sie jedes Mal launisch anfährt. Und natürlich nicht aufsteht. Eines Morgens denkt die Mutter, dann muss sie halt liegen bleiben und die Reaktion der Lehrer aushalten, wenn sie zu spät kommt. Als Josefine aufsteht und sieht, wie spät es ist, flippt sie aus und schreit ihre Mutter an: «Wieso hast du mich nicht geweckt?»

Das Verhältnis zwischen ihnen wird immer angespannter. Josefine ist ungerecht, fühlt sich aber selbst ständig ins Unrecht gesetzt. Und ihre Lust, in die Schule zu gehen, nimmt stetig ab. Jede Krankheit nimmt sie zum Anlass, zu Hause zu bleiben und sich im Zimmer zu verkriechen. Der kleine Bruder geht noch mit einem dicken Schnupfen in die Schule, weil er seine Freunde treffen möchte. Er ist ja überhaupt ein Sonnenschein und versteht überhaupt nicht, wie seine Schwester ständig schlecht gelaunt sein kann.

Abends sprechen die Eltern fast nur noch über ihre Tochter. Sie denken, dass sie sich, wie schon als Kleinkind, selbst im Weg steht. Dass sie nicht beliebt ist, weil sie ist, wie sie ist. Niemand kommt auf die Idee, dass mehr dahinter stecken könnte.

Eines Nachmittags kommt Josefine mit vom Weinen verschwollenen Augen und roten Flecken im Gesicht nach Haus. Zum ersten Mal seit Monaten ist sie nicht verstockt, sondern eher kleinlaut. Sie steht unter Schock. Im Sport haben die Jungs aus der Klasse sie beim Brennball abgeworfen. Die ganze Zeit nur sie. Immer wieder harte Schüsse. Da gab es kein Entrinnen. Das war kein Zufall, das hatten die sich so ausgedacht. Sie hatten einen Heidenspaß. Keiner hat ihr geholfen.

Da erst kommt ihrer Mutter der Gedanke, dass ihr Kind möglicherweise gemobbt wird. Bei einem Gespräch mit der Klassenlehrerin stellt sich heraus, dass auch sie schon länger kein gutes Gefühl mehr hatte, dem sie jedoch nicht nachgegangen ist. So wie die Eltern hatte die Lehrerin den Eindruck, dass Josefines Situation eine Folge ihrer wenig einnehmenden Art sei – und damit in ihren Händen liegen würde.

Sichtbare Anzeichen für Mobbing

Es ist nicht immer eine leichte Aufgabe, einen objektiven Blick auf das eigene Kind zu haben. Die einen reagieren über, die anderen lassen die Dinge laufen, und alle haben ihre Gründe für ihre Art des Umgangs damit. Mobbing-Forscher raten jedoch, gerade weil das Phänomen verbreitet ist und unterschätzt wird, lieber einmal zu oft nachzufragen als einmal zu wenig. Und aufmerksam hinzuschauen, wenn sich das Verhalten eines Kinder verändert. Denn wenn Kinder oder Jugendliche gemobbt werden, gibt es mindestens eines, meistens aber mehrere der folgenden Anzeichen:

- Sie verstummen über das, was in der Schule passiert (eine kleine Anmerkung für Jungen-Eltern: Weniger als wenig ist möglich).
- Es tauchen keine Namen in dem wenigen auf , was sie von der Schule berichten.
- Sie bringen keine Freunde mit nach Hause.
- Sie werden nicht zu Geburtstagsfeiern und Partys eingeladen.
- Sie kommen mit beschädigtem Eigentum nach Hause.
- Sie kommen mit Verletzungen nach Hause.
- Ihre Geschichten, um diese Auffälligkeiten zu erklären, sind unplausibel.
- Sie stehen mühsam auf und sind ängstlich und widerwillig, wenn sie in die Schule aufbrechen.

- Sie haben häufig Kopf- oder Magenschmerzen und leiden unter Appetitlosigkeit.
- Sie gehen seltsame, neue Wege in die Schule.
- Sie schlafen unruhig und haben schlechte Träume.
- Sie werden schlechter in der Schule und verweigern die Hausarbeiten.
- Sie ziehen sich innerhalb der Familie zurück.
- Sie reagieren aggressiv auf Nachfragen oder gut gemeinte Vorschläge der Eltern.
- Sie äußern, keine Lust mehr auf alles zu haben, im schlimmsten Fall sogar Suizidgedanken.

Der Weg der Eltern führt immer zuerst in die Schule

Mobbing geschieht in der Schule, und nur dort kann es auch gelöst werden. Wenn Eltern also sicher sind, dass ihr Kind gemobbt wird oder auch nur die Gefahr besteht, dass es gemobbt wird, sollten sie sofort den Kontakt zur Schule suchen. Wenn der Klassenlehrer die Ernsthaftigkeit der Situation bezweifelt, gehen sie zum Schulleiter, zum Schulpsychologen, zum Elternbeirat, zum Schulamt. Auf keinen Fall sollten sie von sich aus auf die Täter zugehen oder Verbindung zu den Eltern der Täter aufnehmen, ohne die Schule zu informieren und einzubeziehen. Unter sehr günstigen Umständen (also dann, wenn man sich sowieso schon gut kennt) kann eine solche direkte Kontaktaufnahme natürlich zur Klärung und Entspannung der Sachlage führen, meistens ist so ein Kontakt jedoch naturgemäß feindselig und angespannt.

Eltern sollten direkten Kontakt zu den Tätern unterlassen.

Den Eltern der Täter ist nur selten das Ausmaß der Gemeinheiten bewusst, zu denen ihre Kinder fähig sind; so passiert es nicht selten, dass die Eltern alles abstreiten, was die Kinder längst zugegeben haben; und die Eltern der Opfer sind – verständlicherweise – selten in der Lage, den Eltern der Täter ohne Vorbehalte zu begegnen. Wenn also keine persönlichen Beziehungen bestehen, ist es ratsam, von direktem Kontakt Abstand zu nehmen, um die Situation nicht zu verschlimmern: Denkbar wäre hier zum einen, dass die Eltern der Täter ihr Kind bestrafen und das Kind seine Wut am folgenden Tag gleich an das Opfer weitergibt. Zum anderen könnten sich die Eltern vor ihr Kind stellen. Damit würde ein zusätzlicher Konfliktherd auftauchen, da die Eltern sich empört, vorwurfsvoll und mitunter drohend an die Schule wenden, um ihr Kind vor dem Verdacht des aktiven Mobbings zu schützen.

Der erste und wichtigste Schritt von Eltern, die den Verdacht haben, dass ihr Kind gemobbt wird: Sie reden mit ihrem Kind und versichern ihm, dass sie seine Probleme sehr ernst nehmen und alles tun werden, damit sich seine Situation schnell ändert. Und dass sie sich sofort an die Schule wenden werden.

Das ist in jedem Fall ihre wichtigste Aufgabe: alles zu tun, damit sich die Situation für das Kind ändert. Das bedeutet aber auch, dass die Eltern den Lehrern/der Schule überlassen müssen, welche Wege sie dort gehen. Entscheidend ist: Die Schule muss etwas unternehmen. Häufig liegen die Vorstellungen von Eltern und Schule über das, was geschehen müsste, weit auseinander. Da kann man vermutlich nur an die Eltern appellieren: Oberste Prämisse muss das Wohl ihres Kindes sein – jeder weitere Konflikt, beispielsweise zwischen Eltern und Schule, schadet dabei. Die Verantwortung bei Mobbing muss an die Schule gegeben werden. Dann kann durch

Nur die Schule kann etwas unternehmen.

den regelmäßigen Informationsaustausch zwischen Eltern und Lehrern ein Handlungsspielraum entstehen, in dem eine gewisse Kontrolle auf die Schüler ausgeübt und in dem dann – optimalerweise – auch der Schutz eines Opfers gewährleistet wird.

Vorwürfe und Druck bringen nichts

Eltern sollten sich allerdings der Tatsache bewusst sein, dass Lehrer, die bisher nichts gegen Mobbing unternommen haben, nicht deshalb ungeahnte Fähigkeiten entwickeln, weil man ihnen mit Vorwürfen und Forderungen begegnet. Den Lehrern, die nichts gemerkt oder getan haben, ist sicher keine Bösartigkeit, wohl aber Nachlässigkeit zu unterstellen. Sie haben entweder keine Ahnung vom Phänomen und es deshalb nicht erkannt, oder sie haben keine Information darüber, was sie effektiv gegen Mobbing unternehmen könnten. In einer solchen Situation verunsichern Vorwürfe einen Lehrer höchstens noch mehr und verschlechtern damit die Situation des gemobbten Kindes, anstatt sie zu verbessern.

Zusammenarbeit mit der Schule anstreben

Diplomatie ist also angesagt. Eltern sollten dem Lehrer keine Möglichkeit geben, genervt zu sein. Das Wohl des Kindes steht an erster Stelle. Schuldzuweisungen sind subjektiv mehr als verständlich, aber komplett ungeeignet, die Kompetenz und Handlungsbereitschaft bei einem Lehrer zu verändern.

Ratschläge an Lehrer wirken oft kontraproduktiv.

Es ist auch keine gute Idee, wenn das Kind schon mit Mobbing Erfahrung gemacht und die Schule gewechselt hat, vorab zu den neuen Lehrern zu gehen und sie über die Besonderheiten oder speziellen Erfahrungen ihres Kindes zu unterrichten. Die Chancen für das Kind, neue und gute Erfahrungen zu machen, sind viel größer, wenn niemand voreingenommen ist. Wenn hingegen Lehrer sich von Eltern beeinflusst oder gar bevormundet fühlen, richten sich ihre negativen Emotionen oft gegen deren Kind.

Es gilt also, Ruhe zu bewahren und vorsichtige Fragen zu stellen wie: Mein Eindruck ist …, haben Sie vielleicht Ähnliches bemerkt? Und: Kann ich als Elternteil etwas tun, um Sie zu unterstützen? Denn nicht die Vergangenheit sollte im Mittelpunkt stehen, sondern das, was man gemeinsam verändern könnte.

Wenn zu Hause möglichst offen über die Probleme gesprochen wird, bekommt das Kind das wichtige Gefühl, dass es ernst genommen wird und man alles tut, um zu helfen. Eltern können beispielsweise fragen, mit welchen Lehrern sie am besten sprechen sollen, wem ihr Kind vertraut, wem es Hilfe überhaupt zutraut. Allerdings sollten Gespräche zwischen Eltern und Schule unbedingt ohne das Kind stattfinden.

Den Stress des Kindes mindern

Ein Kind hat, wenn es gegen die Interventionsideen seiner Eltern Widerstand leistet, seine Gründe. Eltern sollten also behutsam argumentieren. Dabei ist es hilfreich, offen zu sagen, dass man nicht garantieren kann, die Situation des Kindes wirklich zu verbessern, dass sie aber mit Si-

Nichts gegen den Willen der Kinder unternehmen.

cherheit noch schlimmer wird, wenn man nichts unternimmt. So ist – leider – die Logik von Mobbing.

Bei alledem sollte Mobbing nicht zum alles dominierenden heimischen Gesprächsthema werden. Ein Kind, das gemobbt wird, ist sehr gestresst. Es braucht dringend Entlastung wie alternative Aktivitäten mit Gleichaltrigen, die den Schulerfahrungen positive Erlebnisse entgegensetzen und das Selbstwertgefühl aufmöbeln. Die Bandbreite reicht von den Pfadfindern bis hin zum Comic-Club. Je mehr das Kind erfährt, dass es in anderen Umgebungen nicht feindselig behandelt wird, desto eher traut es sich, in Erwägung zu ziehen, dass die Schuld für das, was in der Schule passiert, vielleicht doch nicht bei ihm liegt, sondern dass andere etwas falsch machen.

Harry Potter, der große Held der sieben Bestseller, erlebt Mobbing, wird aber durch seine Freundschaften und eine strenge, gerechte Schulleitung gestärkt. Das Lesen solcher Bücher kann dazu beitragen, dass ein gemobbtes Kind feststellt: Ich bin damit gar nicht allein auf der Welt. Das passiert auch anderen Kindern, es muss also nicht nur an mir liegen. Alles, was den Kindern hilft, aus der Opferrolle innerlich herauszufinden, ist wohltuend.

Vorsicht vor Manipulation

Es ist ein Balanceakt für Eltern, ihrem Kind jegliche Unterstützung zu bieten, ihm Sicherheit zu geben, es zu stärken und ihm zu vermitteln, dass andere etwas falsch machen, dabei aber zu vermeiden, dass das Kind in der Konsequenz alles und alle blöd findet, niemanden mehr respektiert und die Eltern manipuliert. Hinzu kommt, dass die Eltern selbst verunsichert sind. Sie fragen sich ständig, ob es nicht vielleicht doch an ihrem Kind liegt, und unterliegen oft demselben Irrtum wie Lehrer: Sie suchen im Wesen und in der Art ihres gemobbten Kindes nach Ursachen für das Desaster. Sie analysieren die Schwächen ihres Kindes und sagen: «Er ist ja auch nicht so sportlich.» Oder: «Kein Wunder, sie ist überhaupt nicht wie andere Mädchen.» Oder: «Sie war schon auf dem Spielplatz so eigen.» Oder: «Manchmal ist er ja auch echt altklug und arrogant.» Wenn Eltern nach Erklärungen und Ursachen für Mobbing in ihrem Kind suchen, kann es leicht passieren, dass das gemobbte Kind diese Interpretation wahrnimmt – und übernimmt. Die Tatsache jedoch, dass ein Kind Schwächen hat, mag erklären, dass nicht alle das Kind mögen, es rechtfertigt aber niemals Mobbing.

Und doch ist es eine Gratwanderung, denn zur Kindererziehung gehört, die Kinder in ihren Schwächen zu akzeptieren, sie aber auch dazu anzuregen, daran zu arbeiten. Die Tatsache, dass sie gemobbt werden, darf in der Konsequenz nicht dazu führen, dass die Eltern ihnen alles verzeihen, alles nachsehen. Und natürlich wenden sich Eltern, wenn sie entdecken, dass ihr Sohn oder ihre Tochter in der Schule fertig gemacht wird, ihrem Kind verstärkt zu und versuchen, es vor Verletzungen und Enttäuschungen zu bewahren. Doch übermäßige Fürsorge kann das Kind noch mehr von seinen Altersgenossen entfernen, kann den Tätern neue Angriffsflächen bieten und in der Familie zu einer Schieflage der Machtverhältnisse führen.

Außerdem schafft eine solche Haltung für das Kind eine kaum lösbare Situation und für Familien ein nicht zu unterschätzendes zusätzliches Konfliktfeld.

Eine Mutter gegen den Rest der Welt

Lionels Mutter verscherzt es sich beim ersten Elternabend schon mit der Lehrerin. Der Sechsjährige geht in die erste Klasse und hat ADHS. Sein Vater, der in derselben Stadt lebt wie der Junge, sich aber bereits in der Schwangerschaft von der Mutter getrennt hat, kümmert sich nicht um ihn. Er wollte damals kein Kind haben und interessiert sich nach wie vor nicht für seinen Sohn. Das ist natürlich sehr verletzend für das Kind, weil es keine andere Erklärung gibt für das Verhalten des Vaters als: Desinteresse.

Lionels Mutter hat immer versucht, dieses Defizit zu kompensieren. Sie fühlt sich auch ein bisschen schuldig dafür, dass sie dem Kind so einen Vater zumutet. Mit besonderer Geduld und Aufmerksamkeit achtet sie auf ihren Sohn und entschuldigt sein Verhalten häufig damit, dass er unter der Abwesenheit des Vaters so leidet.

Beim ersten Elternabend sagt die Lehrerin, dass dieses Treffen nur für Grundsätzliches gedacht ist: für das also, was alle Eltern angeht. Fragen zu einzelnen Kindern und ihren Besonderheiten würde sie mit den Eltern gern in Einzelgesprächen behandeln.

Lionels Mutter nimmt trotzdem drei Anläufe, auf die speziellen Probleme ihres Sohnes hinzuweisen. Dreimal unterbricht die Lehrerin sie freundlich, aber bestimmt mit dem Hinweis auf ihre Sprechstunde. Beim vierten Mal redet Lionels Mutter einfach weiter. Sie erzählt, dass ihr Sohn ADHS hat, eine Kunsttherapie macht, dass sein Vater ihn hängen lässt und dass er schon im Kindergarten Autoritätsprobleme hatte. Die Lehrerin unterbricht sie kein viertes Mal, es wäre zu unhöflich. Aber man sieht ihr an, wie sehr sie das Benehmen von Lionels Mutter reizt.

Lionels Start in der Schule könnte kaum schlechter sein. Er redet dazwischen und kippelt ohne Unterlass auf seinem Stuhl herum, egal, wie oft ihn die Lehrerin ermahnt. In den Pausen rennt er immer ein bisschen zu schnell, ist in allem zu heftig, hat nur Unsinn im Kopf, geht immer einen Schritt zu weit und wirkt vollkommen unausgelastet. Manchmal, wenn die anderen Jungs genervt sind von seiner Wildheit, rempeln sie zurück, drehen ihm den Rücken zu, lassen ihn auflaufen. Manchmal machen sich ein paar über ihn lustig.

Die Lehrerin befürchtet, dass Lionel sich Feinde macht. Sie wünscht ihm das nicht. Sie hat nichts gegen den Jungen, er ist nett und aufgeweckt, aber kennt überhaupt keine Grenzen. Ihr ist klar, dass sie mit seiner Mutter reden muss, sie hat aber wenig Lust auf das Gespräch.

In der Sprechstunde erweist sich Lionels Mutter als nicht sehr einsichtig. Sie erwähnt immer wieder die Kunsttherapie, will damit sagen, dass sie doch tut, was sie kann, und pocht darauf, dass ihr Sohn es schwer hat. Die Lehrerin meint, dem energiegeladenen Jungen täte vielleicht ein Fußballverein gut. Lionels Mutter findet den Vorschlag absurd.

In der Klasse ist Lionel immer mehr isoliert. Manchmal kommt er mit zerfledderten Heften nach Hause oder mit einem Riss in der Hose. Erklären möchte er diese Dinge nicht. Seine Mutter schwankt. Liegt es an der Wildheit ihres Sohnes? Oder ist es etwas anderes?

Lionels Noten sind nicht gut. Er hat ständig Ärger mit seiner Lehrerin, die nicht anders kann, als ihm seine Regelübertretungen anzukreiden. Er hat fast keine Freunde mehr in seiner Klasse und fühlt sich einsam. Seine Mutter beschließt, ihn von der Schule zu nehmen.

Beim ersten Elternabend an der neuen Schule sagt jemand: «Ja, wenn das Kind aber schon an der anderen Schule gemobbt wurde, dann muss ja was daran sein.» Lionels Mutter steht auf und verlässt den Raum.

Damit hat sie ihrem Sohn wieder keinen Gefallen getan. Ein bisschen Objektivität täte ihr gut – dann hätte Lionel vielleicht eine größere Chance an der neuen Schule.

Schulwechsel oder nicht?

Immer wieder stellt sich Eltern und auch Lehrern die Frage, ob man ein Kind, das in einer Klasse so fertig gemacht wird, dass es vollkommen resigniert oder ständig ausrastet und sich so dramatisch verschlechtert, dass seine Schullaufbahn durch das Mobbing erheblich beeinträchtig ist, die Schule oder zumindest die Klasse wechseln sollte. Doch das muss dem gemobbten Kind wie auch dem gesamten Umfeld wie das administrativ vollendete Mobbing erscheinen: Nicht wer sich falsch verhält, sondern wer den Schaden davon hat, muss gehen.

Schulwechsel wird leicht als Erfolg der Täter betrachtet.

Ein solches Vorgehen indiziert einerseits, dass die Schule nicht in der Lage ist, die körperliche und seelische Sicherheit ihrer Schüler zu gewährleisten. Andererseits ist das sowieso schon angeschlagene Kind in einer neuen Klasse oder Schule mit der wohl schwierigsten Aufgabe konfrontiert, die das Schülerleben bereithält: sich in eine neue, bestehende Klassengemeinschaft, in der Beziehungen schon geknüpft sind, zu integrieren.

Es wäre also pädagogisch viel sinnvoller, die Täter zu versetzen. Tatsächlich hilft es manchmal, eine Gang aufzuspalten, in dem die Schüler auf verschiedene Klassen verteilt werden. Es hilft auch manchmal, den einen Drahtzieher zu versetzen.

Es bleibt aber, allen logischen Überlegungen zum Trotz, auch manchmal kein anderer Ausweg, als das Opfer an eine andere Schule zu versetzen, wenn das körperliche und geistige Wohlbefinden des Kindes sonst nicht gewährleistet werden kann.

Und es kommt vor, dass alle diese Maßnahmen wenig nützen. Das Opfer wird in der Klasse, aus der der Täter verschwunden ist, weiter gemobbt, weil aus der Truppe der ehemaligen Unterstützer einer die Gelegenheit beim Schopf packt. Oder das Opfer wird auf der nächsten Schule, in der neuen Klasse, weiter gemobbt, weil es sich durch seine Erfahrungen im Zustand erlernter Hilflosigkeit befindet und leicht erschreckt, defensiv oder genervt reagiert – und sich damit als leichtes Opfer im neuen Kontext zu erkennen gibt. Das heißt, all diese Maßnahmen können nur dann effizient sein, wenn sie gut überlegt und aufmerksam begleitet werden. Und es ist keine Lösung für das Mobbingproblem einer Klasse, Täter oder Opfer herauszunehmen, weil sich die Verhaltensmuster oft so sehr eingespielt haben, dass pädagogische Begleitung nötig ist, um die Klasse neu zu adjustieren: Die Schüler in einem positiven Verständnis für ein konstruktives Miteinander zu unterstützen.

Alles spricht für gute Prävention und, wenn es dafür bereits zu spät ist, für frühes, gezieltes, energisches, mutiges Eingreifen. Auch das sollten Eltern wissen.

Auf einen Blick

- Eltern haben bei Mobbing die volle Verantwortung für das Wohl ihres Kindes, aber gleichzeitig nur wenig Einflussmöglichkeiten.
- Eltern von gemobbten Kindern sollten alles tun, damit die Schule handelt, und alles unterlassen, das Lehrern ermöglicht, defensiv oder mit Widerstand zu reagieren.
- Eltern sollten sich bei jeder Handlung ins Bewusstsein rufen, dass das Wohl ihres Kindes oberste Handlungsprämisse ist – dafür lohnt es auch mal, berechtigten Ärger zu schlucken.
- Gegen Mobbing aktiv werden kann nur, wer entsprechend kompetent ist. Vorwürfe von Eltern machen Lehrer nicht kompetent. Ein ruhiges Gespräch kann ein Schritt in die Richtung sein, gemeinsam nach Lösungen zu suchen.
- Damit ein gemobbtes Kind auch einmal entspannen kann, sollte Mobbing nicht zum Dauerthema zu Hause werden.
- Eltern von gemobbten Kindern müssen ihre Kinder trotzdem erziehen. Aus Mobbing sollte kein «Krankheitsgewinn» entstehen, der dauerhaft eine familiäre Schieflage begründet.
- Eltern sollten ihr Vorgehen gegenüber der Schule immer mit den betroffenen Kindern absprechen, Kinder aber zu den Gesprächen nicht mitnehmen.
- Wenn Entscheidungen über einen Schulwechsel wegen Mobbing anstehen, sollten Eltern ihr Kind so gut wie eben möglich einbeziehen.

7 Mobbing und die Folgen

Wie stark Erfahrungen prägen

Die Meinung der anderen wird unverhältnismäßig wichtig

Die Stadt, in die Katharina gegangen ist, um zu studieren, ist so weit entfernt von ihrem Dorf, dass die Möglichkeit, dort jemandem aus der alten Zeit zu begegnen, kaum gegeben ist. Katharina studiert Psychologie, aber sie ist sich dessen vollkommen bewusst, sagt sie, dass das Studium keine Therapie für sie sein kann und wird. Und das war auch nie so beabsichtigt. Katharina neigt nicht dazu, sich Illusionen zu machen.

Einmal im Jahr trifft sich ihr ehemaliger Wirtschafts-Leistungskurs. Eigentlich hat sie, was ja verständlich ist, überhaupt keine Lust, die Leute von früher zu treffen. Und doch fühlt sie manchmal so etwas wie Versuchung. Sie hätte so gern Sätze gehört wie: «Hey, du hat ja schon dein Vordiplom, bist ganz schön erfolgreich.» Oder, noch besser: «Mensch, bist du aber hübsch geworden.»

Ganz kurz vor den Treffen hat sie dann doch schnell abgesagt. Die alten Mitschüler würden ihr sowieso nie ein Kompliment machen oder auch nur einen anerkennenden Satz sagen. Dabei ist Katharina erfolgreich. Sie lernt gern, ist intelligent, hat eine schnelle Auffassungsgabe und klingt für ihr Alter sehr reif und reflektiert. Ihre Noten im Studium sind – so war es ja auch schon in der Schule – die besten unter den Kommilitonen ihres Semesters.

Und hübsch ist Katharina auch. Ihr fein geschnittenes Gesicht wird eingerahmt von langen, braunglänzenden Haaren. Dichte Wimpern, dezent getuscht, umrahmen grüne, ausdrucksvolle und wache Augen. Das mittelgroße Mädchen ist schlank, langbeinig und wirkt sehr zäh und sportlich.

Aber sie leidet unter der ständigen Zurückweisung, die sie in der Schulzeit erfahren hat. « Das größte Problem, das sich für mich aus dem Mobbing ergeben hat, ist dies: Ich bin unheimlich abhängig von der Meinung anderer», sagt sie. « Was andere sagen oder denken könnten, beeinflusst nicht nur mein Selbstbild, sondern auch meine Meinung bezüglich anderer. Ich bin mir nicht mehr sicher, ob ich jemanden mag, wenn jemand anders ihn nicht mag. Da schwanke ich ganz schnell. Es ist mir bewusst, aber ich kann nichts dagegen machen.»

Sie ist mittlerweile seit mehreren Monaten mit ihrem Freund zusammen. Es ist ihre zweite Liebesbeziehung. Der junge Mann ist ganz anders als sie: Er schert sich kein bisschen um das, was andere sagen. Er hat nicht viele Freunde, und das ist ihm gerade recht so. Aber auf die Freunde, die er hat, kann er sich hundertprozentig verlassen, sagt er. Wenn er sich mit Katharina streitet, explodiert er, und wenn er sich dann wieder mit ihr versöhnt, ist alles verziehen und vergessen. Manchmal, wenn sie ihn anschreit, gemein zu ihm ist, bleibt er gelassen und sagt, fast stoisch: «Ich weiß, dass du mich liebst.»

Von ihm lernt Katharina, dass man auch anders mit der Welt umgehen kann, als sie es tut. Bei ihm macht sie zum ersten Mal die Erfahrung, dass sie sich Fehler leisten kann. Das bekommt ihr gut. Aber dann wieder schleicht sich ihre alte Unsicherheit ein. Ab und zu fragt sie sich geradezu panisch, ob das überhaupt der richtige Mann für sie sein kann – eben weil er so anders ist als sie. Und ein paar Mal ist sie auch schon von Freunden oder Bekannten gefragt worden, ob es eigentlich okay für sie sei, dass ihr Freund kein Abitur habe. Weil er ihr dann doch nicht gewachsen sein könne, intellektuell.

«Das kriege ich nicht mehr aus meinem Kopf. Das beeinflusst mich so stark, dass es mich stört. Obwohl es mir egal ist, dass er kein Abitur hat. Aber ich kann dann kein eigenes Gefühl mehr entwickeln. Ich habe Angst davor, andere könnten denken, ich sei mit dem falschen Mann zusammen – und sich deshalb von mir abwenden. Ich kann das kaum beschreiben ... diese ständige Angst in mir, abgelehnt zu werden, aus allen möglichen Gründen, auf die ich selbst gar nicht kommen kann. Ich bin zwar mittlerweile intellektuell in der Lage zu erkennen, dass nicht alle Welt einen mögen muss und dass man nicht mit allen befreundet sein kann oder auch will, aber ich kann den Gedanken kaum aushalten, nicht gemocht zu werden.»

Angst oder zumindest Sorge ist ein bestimmendes Element in Katharinas Leben. Auch wenn sie so überaus ausgeglichen und freundlich wirkt. Sie glaubt, sagt sie, dass sie sich das Leben oft schwerer macht, als es vielleicht ist. Aber sie hat kein Talent dafür, es sich leichter zu machen. Sie ist die Beste im Sport, sie zeichnet fantastische Comics (das ist eines ihrer großen Hobbys), in der Schule konnte ihr niemand je das Wasser reichen, was die Leistungen betraf, und an der Universität ist es bereits genauso. Trotzdem fürchtet sich Katharina davor, dass jemand besser sein könnte als sie.

Sie mag es nicht einmal, dass jemand etwas gut kann, das sie selbst gut kann. So jemand ist eine Gefahr für sie – er könnte ihr, in ihrem Gefühl, alles nehmen, was sie hat. Anerkennung oder Respekt, meint sie, gibt es für sie nur, wenn sie außergewöhnlich ist.

Bestimmte Entwicklungsphasen fehlen

An der Uni sitzt Katharina mit acht Kommilitonen an einem Tisch. Aus der zufälligen Konstellation entwickelt sich erst eine Arbeitsgruppe und dann eine Clique. Einmal sagt Katharina, als die anderen wieder eine Lerngruppe bilden wollen, dass sie lieber allein lernen würde. Weil ihr das Lernen in Gruppen gar nicht so liegen würde. Sie sagt es freundlich, doch hinterher sind die anderen trotzdem sauer auf sie, weil sie auch noch die besseren Noten hat. Sie denken, dass Katharina nichts abgeben will. Und im Kern haben sie ja auch recht. Katharina meint, unterbewusst, dass sie es sich nicht leisten kann, etwas abzugeben – sodass die anderen sie dann überflügeln. Oder unterbuttern. Oder beides.

Katharina ist dann die Einzige aus der Clique, die nicht gefragt wird, ob sie abends mit ausgeht.

«Ich gehe zwar gar nicht gern in Kneipen und schau zu, wie die anderen sich betrinken. Ich mache mir nichts aus Alkohol. Aber ich verstehe trotzdem nicht, warum schon wieder ich und nur ich nicht in die Gruppe passe.»

Sie wünscht sich nichts sehnlicher, sagt sie, als in die Clique aufgenommen zu werden, ganz unverbindlich. Obwohl sie selbst das Gefühl hat, gar nicht so gut zu den anderen Studenten zu passen, kann sie nicht vertragen, dass die anderen dasselbe empfinden und dementsprechend handeln. Sie will gar keine Freundschaften, sagt sie, sondern «stinknormale Bekanntschaften, für die ich mich mal nicht so ins Zeug legen muss. Aber so etwas kann ich nicht herstellen.»

Weil sie denkt, dass es normal ist, oberflächliche, unverbindliche Bekanntschaften zu haben, ist Katharina frustriert und manchmal sehr zornig darüber, dass ihr so etwas nicht zu gelingen scheint. Sie hat nie gelernt, dass bestimmtes Handeln bestimmte Konsequenzen hat, weil in ihrer Schulzeit jegliches Handeln ihrerseits dieselben Folgen hatte. Doch nun erwartet sie von ihren Mitstudenten, nicht darauf zu reagieren, dass sie sich der Gruppe gegenüber distanziert verhält. Aber genau das tut die Gruppe.

Ihre Wut lässt Katharina – so hat sie es immer gehalten – nur an Dingen aus: Sie schreit die Wand an; sie schreit die Blumen in der Vase an; sie schlägt wild auf die Wand ein; sie stampft auf den Boden. Ihre Familie kennt diese Zornausbrüche schon. Sie müssen sein, sonst würde Katharina wahrscheinlich implodieren.

Ihre Mutter spricht heute oft mit der fast erwachsenen Tochter über deren Situation und Erwartungen. Sie sagt, dass auch sie nie der Typ war, der einen Haufen Freunde oder Bekannte hat. Zwei beste Freundinnen haben ihr gereicht, von denen sie das rückblickend und auch vorausschauend sagen kann. Die haben nun ihr ganzes Leben begleitet, und sie werden immer da sein. Sie sagt: «Nicht alle Leute haben einen Riesenpulk von Bekannten um sich herum.» Sie will ihrer Tochter das Gefühl nehmen, dass etwas mit ihr nicht stimmt.

Aber sie weiß natürlich, dass Katharina genau das in der Schule nicht gehabt hat: lose Kontakte, um die man sich nicht bemühen muss; Menschen, mit denen man kichert und albert und täglich zusammen ist, ohne sich anstrengen zu müssen. Und dass sie natürlich das Gefühl hat, etwas verpasst zu haben, und das am liebsten um alles in der Welt nachholen möchte. Ihr ist auch bewusst, dass Katharinas Angst, abgelehnt zu werden, ihr nicht ermöglicht, eine andere Perspektive auf die neue Erfahrung zu haben als die, wieder vor «einer Riesenabneigung zu stehen», wie die Tochter sich ausdrückt. «Und das, wie immer, ohne eine Begründung dafür zu bekommen.»

Als Katharina zum Studieren weggegangen ist, hat die Mutter sehr gehofft, dass sie in der neuen Stadt, in der neuen Umgebung Leute findet, mit denen sie klarkommt. Oft lag sie nachts im Bett und konnte nicht schlafen, weil sie sich davor fürchtete, dass ihre Tochter anrief und sagte: «Mama, es mag mich wieder keiner.»

Am Anfang war noch alles gut. Dann rief Katharina an und sagte, es bilden sich Cliquen und ich passe irgendwie zu keinem. «O nein», dachte ihre Mutter, und die Alarmglocken schrillten in ihrem Kopf, «jetzt geht das schon wieder los.»

Die anderen sind alle blöd

Maximilian wiederholt die fünfte Klasse der Realschule. Sein letzter Klassenlehrer war der erste, der ihm je geholfen hat: Er hat den Jungen, der gemein zu Maximilian war, bestraft. Der junge, engagierte Lehrer hat es sogar geschafft, die ganze, schwierige Klasse im Unterricht zu motivieren. Schule hat bei ihm beinahe Spaß gemacht. Maximilian sagt zwar, dass er das Vertrauen in alle Lehrer verloren hat, aber von diesem Mann spricht er so anerkennend, dass er eine Ausnahme darzustellen scheint.

Nun hat Maximilian eine neue Klassenlehrerin, denn der Klassenlehrer unterrichtet weiterhin seine, also die jetzige sechste Klasse. Das bedauert Maximilian sehr. Mit der neuen Lehrerin kommt Maximilian nicht so gut zurecht. Zum Glück hat sein ehemaliger Lehrer nicht aufgehört, ein Auge auf den Jungen zu haben, weil er weiß, wie schwer der sich tut.

Maximilians linke Hand ist einbandagiert.

«Was hast du da an der Hand, Maximilian?»

«Da bin ich gegen ein Fenster gestoßen, beim Eckenrechnen. Da stellt sich jeder in eine Ecke, und der Lehrer stellt eine Aufgabe und wir dürfen rein rufen. Wer als Erster das Ergebnis ruft und es richtig hat, darf eine Ecke weiter.»

«Und dann?»

«Das Fenster war sperrangelweit offen, und ich habe mich so schnell bewegt.»

«Dann hat dir also niemand etwas getan?»

«In diesem Fall mal nicht, ausnahmsweise.»

«Dein ehemaliger Klassenlehrer meint, die anderen würden dich in Ruhe lassen, seit er einmal etwas unternommen hat.»

«Na ja. Geht.»

«Ist es denn besser jetzt?»

«Schule ist Schule und das ist einfach nicht toll.»

«Wie ist die neue Klasse?

«Na ja. Wir haben Tussis in der Klasse, die beschäftigen sich lieber mit ihren Haaren als mit dem Unterricht.»

«Aber der Rest ist okay?»

«Ein Viertel der Klasse ist ganz in Ordnung, der Rest sind eben Tussis und Leute, die ständig aus irgendwelchen Gründen an mir rummeckern.»

Maximilians Mutter hockt auf der Stuhlkante, während sie ihrem Sohn schweigend zuhört. Sie wirkt wie eine Löwin, die auf dem Sprung ist, um ihr Junges verteidigen zu können. «Das sind alte Verletzungen», erklärt sie schnell. «Das letzte halbe Jahr war besser, aber die Angst hat ihm das nicht nehmen können. Wie, glauben Sie, sieht es aus in einem Kind, das gemobbt, getreten, beleidigt und geschlagen wurde?» Mit vorwurfsvoller Stimme fügt sie hinzu: «Der Unterschied zwischen Spiel und Gewalt ist an dieser Schule ja sowieso ziemlich fließend.»

Der Vater, der meistens in sich zusammengesunken dasitzt, drückt den Rücken durch und sagt, dass sich diese fünfte

Klasse nun auch erst wieder finden muss. Und dass es in solchen Zeiten immer unruhig ist. Es ist zu spüren, dass die Familie sich gerade wieder große Sorgen macht. Denn wenn eine Klasse sich neu zusammensetzt, werden auch die Rollen neu verteilt. Und ein Kind, das fast nur schlechte Erfahrungen gemacht hat, ist ein schrecklich leichtes Opfer.

Wenn man dann Maximilian fragt, ob er meint, selbst etwas dafür tun zu können, dass die Schule weniger problematisch ist, guckt er befremdet und rollt genervt mit den Augen.

«Kann ich irgendwas verändern? Schule ist Schule, für mich wird sich daran nicht viel ändern. Sitzen, schreiben, aufpassen. Man könnte den Unterricht als Lehrer ja wenigstens mal *gestalten*», da wird seine Stimme wieder schrill, «damit es interessant wird. Für mich ist das kein Unterricht, wenn einer sagt: Ihr macht jetzt das und das. Das ist Ruhigstellen für mich.»

«Dein Klassenlehrer war aber doch anders, vielleicht gibt es ja noch mehr solche Lehrer. Du könntest der Schule doch auch mal eine Chance geben.»

«Der war anders, ja. Und wenn ein Lehrer guten Unterricht macht, dann macht Schule auch Spaß. Außer montags.»

«Warum montags nicht?»

«Montags haben wir sieben Stunden, und ich bin nicht ausgeschlafen.»

«Warum bist du nicht ausgeschlafen?»

Maximilian macht eine abwehrende Bewegung mit den Armen. «Weil das eben so ist nach dem Wochenende.» Herausfordernder Blick. «Oh, ich sag gleich gar nichts mehr. Keine Ahnung. Wochenende, Spaß, dann kommt wieder der spießige Alltag, und auch gleich noch sieben Stunden spießiger Alltag: Schule. Dann kriegen wir in allen Fächern so einen Berg Hausaufgaben auf, da hat man keinen Bock drauf, das ist langweilig. So sehe ich das zumindest.»

Der Klassenlehrer, den Maximilian mag, beurteilt die Arbeitshaltung des Jungen als «mittlerweise sehr problematisch». Man müsse, sagt er, mit den Eltern gemeinsame Ziele formulieren in Bezug auf die Arbeitsmoral von Maximilian. Wenn dem Jungen etwas quer säße, meint er, würde er wieder diese weiche süße Stimme, mit der er sonst gar nicht sprechen würde, benutzen und sagen: «Ich kann nicht in die Schule gehen.» Und würde wieder zu Hause bleiben.

«Wir haben das alle mal gemacht, und es ist toll, wenn man so einen Tag bekommt. Das ist Geborgenheit. Aber Maximilian fehlt, wann immer er irgendein Problem spürt oder erahnt. Er drückt sich so vor allem, das hat nicht mehr unbedingt etwas mit Mobbing zu tun. Wie oft hat der im Sekretariat gestanden und sich abholen lassen! Der flutscht einem immer wieder durch. Da greifen die Systematiken alle nicht, die wir uns ausgedacht haben. Und er muss ja zum Unterricht kommen, um Schulerfolg zu haben, sonst ändert sich für ihn nie etwas.»

Maximilian aber hat vor allem gute Erfahrungen damit gemacht, um die Schule herumzukommen.

Seltsam, plötzlich doch gemocht zu werden

Eines Morgens, als Katharina in die Küche des Studentenwohnheims kommt, steht da Moritz, in Boxershorts. Verwuschelte lange Haare, noch gar nicht richtig da, orientierungslos. Er ist neu hier. Sie erklärt ihm ein paar Dinge, er macht einen Witz, sie lacht, ein schöner Morgen.

Zwei Jahre lang leben Moritz und Katharina Zimmer an Zimmer im Studentenwohnheim und werden allerbeste Freunde. Nun ist Moritz in eine andere Stadt gegangen, sie sehen sich nur noch zwei- oder dreimal im Jahr, aber sie sind immer noch beste Freunde.

«Richtige Freundschaften, das kann ich», sagt Katharina. «Moritz würde mich verstecken, wenn ich von der Polizei gesucht würde. Und das sollte mir auch viel wichtiger sein als die oberflächlichen Bekanntschaften, ich weiß. Aber ich kann mir nicht helfen, der Mangel nagt immerzu an mir.»

Manchmal ist es ihr nicht einmal ganz geheuer, dass jemand wie Moritz oder ihr Freund sie überhaupt mögen. Dann denkt sie: So ein guter Mensch bin ich gar nicht, wie sie denken. Sie sind viel besser als ich.

Wenn man nicht weiß, warum man abgelehnt wird, findet man vielleicht auch keine Begründungen dafür, warum man gemocht werden könnte. Das erste Mal, dass Katharina so eine Erfahrung machte, war in Amerika. Dort war sie nach dem verunglückten ersten Anmeldungsversuch dann während der zwölften Klasse. Und dort lernte sie ihren ersten Freund kennen, eine große Liebe. Der erste Gleichaltrige seit langen Jahren, der sie nicht ablehnte, sondern sie um ihrer selbst willen mochte.

«Da war auch eine Asiatin in der Clique, die mir sagte, ich würde immer so freundlich lächeln. Sie wäre gern mit mir befreundet. Das kannte ich gar nicht. Daheim hieß es immer: Mensch, was grinst du so blöd. Oder: Hast du 'ne Hackfresse. Und da! Das war schön, das hat mir unglaublich viel gebracht.»

Die Beziehung zu dem Amerikaner hielt zwei Jahre. Beide waren sich gegenseitig so wichtig, dass sie viel Geld bezahlten und über die Meere flogen, um sich zu sehen. Als er 18 Jahre alt wurde, sammelten seine Freunde Geld und schickten ihr ein Ticket, damit sie kommen konnte.

«Die haben mich gemocht. Die haben Partys organisiert,

ich war selbstverständlich dabei, ich gehörte dazu. Da habe ich ein Stück Jugend gelebt, hatte Spaß, die hatten keine Vorurteile, ich musste mich nicht anstrengen, ich habe ja die Sprache nicht einmal besonders gut gesprochen. So etwas habe ich mir auch für meine Studentenzeit gewünscht.»

«Da ist etwas übrig geblieben, was ihr für ihr Leben sehr geholfen hat», meint Katharinas Mutter.

Alles ist langweilig

Maximilian ist ein Pessimist und Zyniker – mit elf Jahren.

Ein Junge ist in der neuen Klasse, den Maximilian mag.

«Ist das ein Freund?»

«Ja.»

«Wie ist der so?»

«Den Umständen entsprechend.»

«Was heißt das?»

«Manchmal ist er nervig, manchmal eben nicht.»

«Er hat also seine guten und seine schlechten Seiten. Und du möchtest mit ihm befreundet sein.»

«Ja.»

«Gibst du dir Mühe?»

«Glaub schon.»

«Wie sieht das aus?»

«Ich kutschiere ihn manchmal mit dem Fahrrad auf dem Gepäckträger nach Hause. Oder wenn er etwas Schweres dabei hat, helfe ich ihm, das zu tragen. Das Gleiche macht er bei mir. Oder wenn er bei unserem Spielzeugverleih in der Schule keinen Roller bekommt und ich einen bekommen habe, leihe ich ihm meinen aus.»

«Ihr habt einen Spielzeugverleih in der Schule?»

«Ja, da können wir uns Inliner ausleihen, Bälle, Roller, Skateboards. Was sollen wir auch sonst machen in der Pause?»

«Das ist doch toll. Das habe ich noch von keiner Schule gehört.»

«Ja, aber wir dürfen natürlich nicht in der Pausenhalle fahren, sondern müssen auf dem Schulhof herumhängen.»

Maximilian hat sehr hohe Ansprüche an sein Umfeld, sagt der Lehrer, er ist streng mit allen und jedem. Es ist kaum noch möglich, den Jungen für irgendetwas zu begeistern. Er meckert und findet alles langweilig. Das Wort, das er ständig benutzt, betont er mit seiner erregten, viel zu hohen, theatralischen Stimme auf allen Silben: «lang-wei-lig!»

«Es ist ihm nicht mehr möglich, anders auf die Schule zu schauen, als er das nun tut», sagt seine Mutter. «Das ist in der Grundschule so angelegt worden.»

Lebenslange Destabilisierung

Erlernte Hilflosigkeit

Katharina ist sauer auf ihre Kommilitonen. Jedes Mal, wenn es ein Gemeinschaftsgeschenk zum Geburtstag gibt, zahlt sie dazu. Jedes Mal gratuliert sie. Als sie Geburtstag hat, bekommt sie nichts.

Dass ihr Geburtstag in die Semesterferien fällt und weder sie noch die anderen Studenten überhaupt in der Stadt sind, lässt sie als Entschuldigung nicht gelten. Sie kann das nur persönlich nehmen. Aber sie möchte gern aus diesem Muster heraus, sagt sie. Sie ist 23 Jahre alt.

Maximilian ist elf Jahre alt und ein Zyniker. Aber er weiß noch gar nicht, dass er in bestimmten Situationen nach einem Muster denkt und handelt, das ihn möglicherweise einschränkt.

Kaum etwas auf der Welt erschüttert das Selbstvertrauen und auch das Vertrauen in andere so sehr wie die kollektive Ausgrenzung der Gleichaltrigen ohne ersichtlichen Grund. Wenn Katharina davon spricht, dass sie an der Universität wieder «diese Riesenablehnung» spürt, ohne eine Begründung dafür zu bekommen, ist ihre Wahrnehmung subjektiv nachvollziehbar, objektiv aber wahrscheinlich nicht korrekt. Das Programm, das die lange Zeit der Mobbing-Erfahrungen in ihr Gehirn eingeschrieben hat, ist verantwortlich dafür, dass sie Interesselosigkeit als Ablehnung interpretiert und sich selbst als ohnmächtig empfindet. Sie reagiert, wie sie es immer getan hat: mit Rückzug. Erlernte Hilflosigkeit nennen das die Psychologen.

Es ist ein uraltes Paradigma: Wenn man sich auf eine bestimmte Art verhält, erwartet man entsprechende Folgen oder Konsequenzen. Ich drücke den Knopf der Kaffeemaschine und erwarte, dass kurz danach der Kaffee in die Tasse läuft; ich lerne ernsthaft für eine Schulaufgabe und erwarte eine gute Note. Ich behandle die Menschen in meiner Umgebung freundlich und erwarte eine freundliche Gegenreaktion – zumindest meistens. Mobbing-Opfer haben häufig viel ausprobiert, um den Attacken der Mitschüler zu entgehen und ihre Situation zu verbessern: Sie haben die Aggression ignoriert, sie sind den Tätern ausgewichen, sie waren freundlich, haben versucht zu reden oder haben sich gewehrt, sind also selbst aggressiv geworden – nichts hat geholfen. Wenn aber egal ist, was man macht, und immer wieder genau dasselbe dabei herauskommt, sieht man irgendwann keinen Zusammenhang mehr zwischen Handeln und Konsequenz.

Was sie auch tun – Mobbing-Opfer erleben immer Missachtung.

Experimente mit Tieren und Menschen haben gezeigt, dass Wesen, die über längere Zeiträume dieser Erfahrung ausgesetzt sind, auch in neuen Situationen keine Kontrollmöglichkeiten erwarten und entsprechend auch nicht suchen. Sie haben gelernt: Egal was ich mache, es kommt ohnehin nicht das dabei heraus, was ich mir wünsche. Das macht restlos unsicher. So hat Katharina jedes Mal Angst, dass sich alles zu ihrem Nachteil verändert haben könnte, wenn sie zwei Wochen irgendwo nicht war. Jeder, der zwei Wochen im Urlaub war oder wegen Krankheit eine Zeit lang nicht am Tanzkurs teilnehmen konnte, freut sich, die Menschen, mit denen er sich gut versteht, wieder zu sehen – bei Katharina schwingt auch heute noch eher Sorge mit.

Oder: Wenn Phillip in eine andere Klasse kommt und einer macht «Buh», wird Phillip blass um die Nase, steht innerlich mit dem Rücken zur Wand und denkt panisch: Nicht schon wieder! Dabei hat nur einer einen Scherz gemacht. Woher sollte er wissen, dass das für Phillip zum festen Verhaltensmuster seiner Peiniger gehörte. In der neuen, ahnungslosen Klasse erscheint Phillips Reaktion dann so unangemessen, dass der nächste Scherz auf seine Kosten möglicherweise nicht lange auf sich warten lässt. Und immer so weiter.

Immer die Angst: Jetzt geht das schon wieder los.

Wenn Maximilian in eine andere Klasse kommt und einer macht «Buh», wird er fuchsteufelswild und jagt den Übeltäter einmal quer über den Schulhof. Dabei wird er von der Pausenaufsicht geschnappt. Den Gedanken, jetzt geht das schon wieder los, den hat er auch. Er reagiert nur anders, aber natürlich auch unangemessen. Und muss nicht nur damit rechnen, dass die nächste Provokation auf dem Fuße folgt, sondern auch eine Strafe des Lehrers. Für ihn kommt dabei heraus, dass es immer dasselbe ist: Am Ende ist er der Idiot.

Kinder, die gemobbt werden, haben irgendwann überhaupt keine Ahnung mehr, wie es sich anfühlt, dazuzugehören. Dafür haben sie gelernt, dass sie nicht dabei sein dürfen und dass sich immer mehr der anderen von ihnen abwenden, ohne dass sie verstehen, warum. Und das in einer Phase, in der sie aus dem Schoß der Familie heraustreten in die Welt und sich im Zusammensein mit Gleichaltrigen erproben – erproben müssen.

Heranwachsende müssen voneinander lernen können

Eine der wesentlichen Entwicklungsaufgaben, die ein Kind in der Schulzeit bewältigen muss, ist es, Vertrauen in Bezug auf andere, auf Gleichaltrige aufzubauen. Wenn Kindern die Möglichkeit verwehrt wird, Beziehungen zu Gleichaltrigen einzugehen, wird ihnen eine bedeutsame Ressource für ihre kognitive, emotionale und soziale Entwicklung genommen. Erwachsene können nicht einspringen, denn Kinder und Jugendliche lernen miteinander und voneinander ganz andere Dinge – symmetrisch und damit anders als in den immer asymmetrischen Beziehungen zu Erwachsenen.

Wenn ein Jugendlicher in sensiblen Zeiten auf sich allein gestellt ist, ist das kaum wiedergutzumachen.

Wenn ein Kind oder ein Heranwachsender in dieser Zeit der Reifung auf sich gestellt ist, ist das in einem Maß destabilisierend, das selten aufzuholen und kaum wiedergutzumachen ist. So zeigen Befunde einer Studie, die Erwachsene zu ihren Erfahrungen mit Mobbing in der Schulzeit und ihren aktuellen Erfahrungen in sozialen Beziehungen befragte, dass der Zeitpunkt und die Dauer der Mobbing-Erfahrung bedeutsam dafür ist, ob sich langfristige Konsequenzen ausbilden. Denn eine Beeinträchtigung des emotionalen oder sozialen Befindens im Erwachsenenalter war nicht nachzuweisen, wenn Betroffene nur von Mobbing-Erfahrungen in der Grundschulzeit berichteten. Für diese Gruppe reichte eine völlig normale Zeit ohne Mobbing in der weiterführenden Schule offensichtlich, um die Erfahrungen und die Erlebnisse zu Beginn der Schulzeit zu relativieren. Für die, die hingegen nur in der weiterführenden Schule (und dort ist Mobbing sehr stabil) oder aber über die gesamte Schulzeit Mobbing-Erfahrungen gemacht hatten, waren die Konsequenzen offenkundig, die Beeinträchtigungen spürbar. Und zwar nicht auf allen Ebenen des sozialen Miteinanders, sondern immer dann, wenn es um Gleichaltrige, Gruppenerfahrungen oder um Grundvertrauen ging.

Wenn dann ein Kind niemals erlebt: Wenn ich nett bin, sind andere auch nett zur mir, ist sein Grundvertrauen in Beziehungen stark beschädigt.

Das Selbstvertrauen schwindet

Manja ist fertig mit der Schule und erinnert sich an die letzte Zeit. Denn Ende des letzten Schuljahrs auf der Realschule waren alle plötzlich so verdammt nett zu Manja. Komisch fand sie das. Vielleicht wollten sogar die Typen, die sie immer geärgert haben, die letzte gemeinsame Zeit nicht mehr mit Streit und Stress verbringen, denkt sie.

Aber obwohl sie dann zweimal alle miteinander feiern gegangen sind und sich gut verstanden haben, war sie froh, als sie zum letzten Mal in die Klasse kam und wusste: Das war's. «Es war wie eine Befreiung», sagt Manja.

Nun ist sie auf einer Berufsschule. In ihrer Klasse ist nur ein Mädchen aus ihrer ehemaligen Parallelklasse, worüber sie froh ist. Die meisten Schüler in der Klasse sind älter als sie. Sie hat sich mit ein paar Leuten schon ein bisschen angefreundet. «Allerdings fällt es mir schwer», sagt sie, «auf meine Klassenkameraden zuzugehen. Die Zeit auf der Realschule hat mich sehr unsicher und schüchtern werden lassen.»

Mit ihrer ehemals besten Freundin und späteren Gegnerin fährt sie jeden Morgen im Bus. Sie unterhalten sich ganz normal, als wäre nie etwas gewesen. Bis heute hat Manja sich nicht getraut, das andere Mädchen darauf anzusprechen, warum es sie damals so einfach hat fallen lassen.

«Aber alles in allem bin ich heute glücklich, auch wenn ich die Zeit des Mobbings nicht wirklich vergessen kann», sagt Manja. «Ich denke oft daran und habe auch manchmal Albträume von früher. Ich hoffe, dass die Träume irgendwann aufhören und ich wieder mehr Selbstvertrauen bekomme.» Auch wenn Manja sich wünscht, offener und unbekümmerter zu sein, was ihren Umgang mit Gleichaltrigen betrifft, hat sie auf ihre Art Frieden mit ihrer Situation geschlossen. Vor allem hat sie die Hoffnung nicht aufgegeben.

Vergessen kann man Mobbing niemals.

Im Jahr 2000 erschien eine Metaanalyse – die Zusammenfassung einer Reihe von Primäruntersuchungen, bei denen Kindergartenkinder, Grundschulkinder, Heranwachsende und Erwachsene über die Effekte von Mobbing auf Körper und Seele befragt worden waren. Wer Mobbing erlebt hatte, berichtete über ein erheblich geschwächtes Selbstvertrauen, einhergehend mit einem erheblich geschwächten Vertrauen in zwischenmenschliche Beziehungen. Häufig traten Angststörungen oder psychosomatische Symptome wie Stottern, Schlafstörungen, unerklärliche Kopfschmerzen oder Essstörungen auf. Schlimmstenfalls kam es zu Depressionen und Suizidgedanken – immerhin 22 Prozent der befragten Erwachsenen gaben an, einmal oder mehrmals in der Zeit des Mobbings darüber nachgedacht zu haben, sich etwas anzutun oder sich das Leben zu nehmen.

Das Gefühl ständigen Kontrollverlusts, gekoppelt an eine grundlegende Verunsicherung, was Bindungen zu Gleichaltrigen angeht – das ist der Stoff, aus dem Verhaltensstörungen oder Depressionen sind. Vor dem Hintergrund, dass der Mensch ohne Beziehungen nicht existieren kann, ist nachvollziehbar, wie verhängnisvoll eine gestörte Bindungsfähigkeit ist – und sei es nur gegenüber Gleichaltrigen.

Opfer entwickeln einen ängstlichen Bindungsstil

Ein bemerkenswertes Ergebnis der Studie zu den Auswirkungen von Mobbing in der Schule auf das Befinden im Erwachsenenalter ist außerdem: Erwachsene, die in der Schule Mobbing-Erfahrungen gemacht haben, finden ebenso leicht oder schwer Freunde wie diejenigen, die niemals Opfer von Mobbing waren. Sie erleben die gleiche Qualität in ihren Freundschaften und Beziehungen wie andere, aber sie haben größere Schwierigkeiten als die anderen, diese Freundschaften aufrecht zu erhalten.

Das könnte damit zusammenhängen, dass sie sich und andere aufgrund ihrer Erfahrungen negativer beurteilen – und infolgedessen ihre Bindungen ebenso. Man unterscheidet vier Bindungsstile: Menschen mit einem sicheren Bindungsstil haben ein positives Selbstbild und ein positives Fremdbild. Für sie ist es ziemlich leicht, Nähe zuzulassen. Sie fühlen sich wohl, wenn sie emotional von anderen abhängig sind und andere von ihnen, wenn sie sich also eng gebunden fühlen.

Menschen mit einem ablehnenden Bindungsstil haben ein positives Selbstbild und negatives Fremdbild. Sie fühlen sich schnell eingeengt und sind am liebsten unabhängig und autark. Menschen mit einem bedürftigen Bindungsstil haben ein negatives Selbstbild und ein positives Fremdbild. Sie wünschen sich ständig große Nähe und Intimität zu anderen, fühlen sich aber von anderen zurückgewiesen und verkannt.

Die Menschen mit einem ängstlichen Bindungsstil schließlich haben ein negatives Selbstbild und ein negatives Fremdbild. Sie würden vielleicht gern Nähe zu anderen herstellen, können aber nicht auf sie zugehen, sich nicht öffnen, nicht vertrauen oder sich abhängig machen. Sie haben Angst vor anderen und misstrauen ihnen.

Ganz besonders Erwachsene, die über lange Zeit, also auch in der weiterführenden Schule, gemobbt wurden, bekunden deutlich häufiger als die, die keine Mobbing-Erfahrungen während der Schulzeit gemacht haben, einen eher ängstlichen Bindungsstil – in ihren Beziehungen zu Bekannten und Freunden. Ein typischer Satz für ein ehemaliges Mobbing-Opfer ist: «Ich komme super mit Kindern und alten Menschen aus. Nur mit Gleichaltrigen hapert es.»

Das Vertrauen in andere wird beschädigt

Die meisten Menschen tragen solch schmerzhafte Erfahrungen zum Schutz ihrer Seele wie eingekapselt mit sich herum. In Situationen, die für sie stressig sind, poppen der Schmerz, die Angst, das Gefühl des Kontrollverlusts nach oben und lösen eine entsprechende Reaktion aus. Das kann den totalen Rückzug bedeuten, das kann sich in übermäßiger Verlustangst äußern, aber auch in einer übergeneralisierenden Aggression auf all die, die schuld sind an dem eigenen Dilemma. Mobbingerfahrungen in der Schulzeit scheinen einem Grauschleier oder einer sozialen Hypothek zu gleichen. Man trägt sie mit sich herum, hat nie wirklich verstanden, was damals warum passiert ist, und so bleibt dieses Maß an Unsicherheit: Was, wenn es plötzlich wieder passiert?

Wenig Aufschluss ermöglichen die Untersuchungen über einen möglichen und eigentlich naheliegenden Zusammenhang zwischen Mobbing in der Schule und später auch am Arbeitsplatz. Man müsste den Lebensweg von Menschen über rund dreißig Jahre verfolgen und sie regelmäßig befragen, um darüber verlässliche Daten zu erhalten. Aber es kommt durchaus vor, dass einer sagt: «Das ist mir an der

Schule auch schon passiert.» Eine mögliche These hierzu wäre, dass jemand, der in der Schule gemobbt wurde und sich danach gleich wieder in einen streng hierarchisch organisierten Kontext begibt, also in eine Lehre beispielsweise oder zur Bundeswehr, ein höheres Risiko hat, wieder zum Opfer zu werden, als einer, der studiert und sich damit in einem wenig hierarchischen Kontext bewegt, wo die Gefahr, gemobbt zu werden, verschwindend gering ist. In einem Seminar oder einer Lerngruppe hat jeder die Freiheit, einfach zu gehen, wenn er sich schlecht behandelt fühlt. Dadurch kann jemand, der früher Mobbing hilflos ausgeliefert war, die Kontrolle über die eigene soziale Situation zurückgewinnen, was viele Chancen für positive soziale Erfahrungen mit sich bringt.

Mobbing kann tödlich sein

Heranwachsende können manchmal keinen Ausweg mehr erkennen.

Das Gegenteil davon kann eintreten, wenn jemand eben nicht ausweichen kann. Heranwachsende verfügen noch nicht über die Erfahrung, dass Dinge sich auch zum Besseren verändern können. Wenn sie immer wieder verletzt werden, ist das ein schlimmes Gefühl, und diesem Gefühl möchten sie ein Ende machen. Dann kommen sie auf die Idee, sich das Leben zu nehmen, weil sie nicht glauben, dass es wieder besser wird.

So wie Elaine aus Newcastle, die zwar die Schule wechselte, der das aber nichts mehr half. Sie blieb an demselben Ort, und da hatten sich alle gegen sie verschworen. Obwohl die englische Schülerin, die ihrer kleinen, an Leukämie erkrankten Schwester Knochenmark spendete, zuerst in den lokalen Zeitungen, im Fernsehen und im Radio als Heldin gefeiert wurde.

Oder gerade deshalb. Für ihre Mitschüler nämlich schien diese Popularität ein Anlass, Elaine, die zu dem Zeitpunkt elf Jahre alt war, das Leben fortan zur Hölle zu machen: Zu Hause erzählte sie von gehässigen Hänseleien, von gemeinen Beleidigungen und Verfolgungsjagden. Einmal hielt ihr einer ihrer Peiniger ein brennendes Streichholz ins Haar.

Nach drei Jahren Mobbing wechselte Elaine auf eine benachbarte Schule. Es änderte sich wenig. Dort waren es hauptsächlich die Mädchen, die ihr das Leben weiterhin so schwer machten, dass ihr Vater zur Schulleitung ging und um Hilfe bat.

Nach einem Jahr an der neuen Schule schluckte Elaine, nun 15 Jahre alt, eine Überdosis Tabletten. Sie konnte nicht mehr gerettet werden.

Ihr verzweifelter Vater wollte die Schule dafür zur Verantwortung ziehen, dass sie nicht ausreichend für die Sicherheit seiner Tochter gesorgt hätte, und wandte sich an die Zeitungen. Die Schule antwortete, wieder über die Presse: «Wir haben mit den Eltern zusammengearbeitet. Wir verfügen über sehr effektive Maßnahmen in Mobbing-Fällen. Außerdem ermutigen wir die Kinder, zu uns zu kommen, wenn sie gemobbt werden. Wir gehen jedem Fall nach.»

Auf den Fall von Elaine ging niemand ein. Die als sehr effektiv bezeichneten Maßnahmen der Schule konnten das Mädchen nicht vor dem Hass und der Missgunst der Mitschüler retten.

In England gibt es eine Hotline für Kinder und Jugendliche, die in Not sind, weil sie missbraucht, gemobbt, geschlagen werden. Man kann rund um die Uhr gratis anrufen. Das erklärte Ziel der Hotline ist es, keinen Anruf unbeantwortet zu lassen. Finanziert wird «ChildLine» von der NSPCC, der National Society for the Prevention of Cruelty to Children.

Zwanzigtausend Kinder rufen jedes Jahr dort an und beklagen sich über Mobbing. Siebenhundert von ihnen äußern Suizidgedanken.

Seit zwei Jahren gibt es eine vergleichbare Kinderschutz-Hotline in Deutschland, aber nur für Berlin. Dennoch kann man davon ausgehen, dass auch in diesem Land Kinder und Jugendliche, die ernsthaft und böse gemobbt werden, darüber nachdenken, wie sie dem Ganzen endgültig entkommen können. Wer daran denkt, seinem Leben ein Ende zu setzen, möchte fast immer, dass etwas aufhört, das er nicht aushält.

Auf der Internetseite www.Schueler-gegen-Mobbing.de, die das ehemalige Mobbing-Opfer Alexander Hemker aus Hamburg ins Leben gerufen hat, hat Leon Paul kennengelernt. Die beiden Mobbing-Opfer mailen hin und her. Sie verstehen sich, und sie können sich helfen. Zumindest sieht es so aus. Eines Tages bekommt Leon eine Mail von Paul, in der steht, dass er nicht mehr kann. «Ich wünsche dir alles Gute.» Danach hört Paul nichts mehr von Leon.

Auch Maximilian und Katharina haben ihren Eltern schon einmal gesagt, dass sie nicht mehr können. Dass sie nicht mehr leben möchten, oder dass es besser wäre, wenn sie nicht existieren würden.

Doch sie leben. Sie sind stark, jeder auf seine Weise.

Für die Zukunft ist Katharina zu wünschen, dass sie nicht mehr abhängig von solchen Menschen wie ihrem ehemaligen Englischlehrer sein muss. Und vor allem, dass sie lernt, zu ihren Gefühlen zu stehen. Denn Menschen wie ihr Freund sind es, die ihr gut tun. Menschen, die ihr zeigen, dass man im Leben ruhig Fehler machen kann und trotzdem geliebt wird.

Und Maximilian? Er hat diesen Lehrer gefunden, der es

sich zur Aufgabe gemacht hat, das Kind an der Schule zu schützen – vor den anderen und auch vor sich selbst. Maximilian kann man nur wünschen, dass dieser Lehrer und der junge, engagierte Direktor ihn weiterhin begleiten und niemals aufgeben. Auf dass er die fünfte Klasse der Realschule schafft. Erst mal.

Auf einen Blick

- Mobbing-Opfer erleben die totale Hilflosigkeit: Sie können tun, was sie wollen, sie ernten immer Missachtung und Gespött.
- Mobbing kann man niemals vergessen – es bleibt, wie ein grauer Schatten aus der Vergangenheit.
- Mobbing-Opfern wird selten erklärt, dass Mobbing nicht ihre Schuld ist. Das macht es schwer, aus den Ereignissen in der Schulzeit einen Sinn abzuleiten und sie zu verarbeiten.
- Mobbing-Opfer haben langfristig Probleme in ihren Beziehungen zu Gleichaltrigen.
- Kinder müssen von Kindern lernen können, Heranwachsende von Heranwachsenden. Menschen, die von Beziehungen unter Gleichaltrigen durch Mobbing ausgeschlossen werden, fehlen substanzielle Lernfelder – dieses Entwicklungsdefizit ist nie wieder gutzumachen.
- Ehemalige Mobbing-Opfer berichten als Erwachsene häufiger über einen unsicheren Beziehungsstil und mehr emotionale Einsamkeit, aber nicht über mehr soziale Isolation als Nicht-Opfer.
- Ein Fünftel der befragten ehemaligen Mobbing-Opfer gaben an, schon mal daran gedacht zu haben, sich etwas anzutun oder sich das Leben zu nehmen.

Zum Schluss

Wie soll man ein Buch über Mobbing beenden? Man könnte dort aufhören, wo Mobbing im schlimmsten Fall endet: Ein Kind kann nicht mehr und versucht dieser Situation zu entkommen. Düster, trostlos, aber bittere Wahrheit. Nur weil in Deutschland Kinderselbstmorde und Mobbing nicht gemeinsam in Polizeistatistiken auftauchen, sieht es so aus, als wäre es hier anders als beispielsweise in England oder Skandinavien.

Man könnte aber auch noch einmal darauf hinweisen, dass Mobbing nur deshalb überhaupt möglich wird, weil Kinder zur Schule gehen müssen und in Kontexten ohne Ausweichmöglichkeiten – Schulkassen – innerhalb eines hierarchischen Systems einen Großteil ihrer Kindheit verbringen.

Man könnte Aufmerksamkeit darauf lenken, dass es keine Kinder geben müsste, die allen Mut und ihr Vertrauen in Gleichaltrige verlieren, wenn Schulen ihre Aufgaben ernst nehmen und Lehrer darauf achten würden, dass die Schule ein sicherer Ort für das geistige und seelische Wohlbefinden eines jeden Kindes ist – denn Schulpflicht besteht für jedes Kind.

Man könnte weiter anführen, dass Kinder in besonderer Weise schutzbedürftig sind und Erwachsene ihnen die Sicherheit garantieren müssen, die sie – als noch heranwachsende Wesen – dringend brauchen, um sich optimal entwickeln zu können.

Und man könnte sich in Erinnerung rufen, was passiert, wenn Mobbing ignoriert wird: Es bestärkt Täter im erfolgreichen Einsatz aggressiver Strategien zur Erreichung ihrer Ziele, die Opfer erleben ein steigendes Bewusstsein der eigenen Wertlosigkeit und alle Mitschüler, dass der degradierende Umgang mit Schwächeren okay ist.

Zuletzt könnte man fordern, dass für alle Kinder ein Recht Gültigkeit haben sollte, das jeder Erwachsene für sich in Anspruch nimmt: «Jeder Mensch hat das Recht auf eine freie körperliche und seelische Entfaltung» (Grundgesetz, Artikel 2).

Neue Diskussionen über eine zeitgemäße Definition von Menschenwürde würden dieses erweitern: Jedem Menschen sollte das Recht zustehen, zumindest darüber aufgeklärt zu werden, warum ihm bestimmte Rechte nicht zugestanden werden.

Optimisten würden argumentieren, dass auf dem Weg, hier eine plausible Begründung für die Einschränkung zu finden, vermutliche viele Lösungswege entdeckt werden – dieses Buch soll als Beitrag dazu dienen.

Anhang

Schnelle Hilfe: Fehler beim Umgang mit Mobbing

Was bei Mobbing unbedingt vermieden werden sollte

1. Als Eltern des Opfers mit den Eltern des Täters oder der Täter sprechen.

Warum?

Die Eltern des Täters werden ihr Kind in Schutz nehmen und damit dessen Verhalten billigen. Oder sie bestrafen es, wofür es sich wahrscheinlich am Opfer rächen wird. Beide Alternativen bedeuten für das Opfer eine weitere Verschlechterung der Situation.

2. Als Eltern des Opfers mit dem Täter/den Tätern sprechen.

Warum?

Die Eltern des Opfers werden versuchen, Mitgefühl beim Täter zu erwirken oder ihm zu drohen. Das Einschreiten der Eltern des Opfers wird seitens der Täter in beiden Fällen als Schwäche des Opfers interpretiert – und die Täter werden sich dadurch aufgewertet fühlen. Auch hier gilt: Der Täter wird das Opfer für das Petzen bestrafen. Denn: Aggression verstärkt Aggression.

Was ist stattdessen zu tun?
Lehrer sind dazu verpflichtet, Mobbing zu stoppen. Eltern müssen also die Verantwortlichen informieren, sodass Schule und Lehrer einschreiten und entsprechende Maßnahmen ergreifen. Im Idealfall arbeiten Schule und Eltern zusammen.

3. Das Opfer mit zu den Lehrergesprächen nehmen.
Warum?
Lehrer neigen dazu, die Schuld für Mobbing zunächst beim Opfer zu suchen. Opfer neigen nach einiger Zeit auch dazu, sich selbst die Schuld am Mobbing zuzuschreiben. Eine Konfrontation mit dem Lehrer kann die Schuldgefühle beim Opfer noch unnötig verstärken.

Was ist stattdessen zu tun?
Eltern sollten ihrem Kind empfehlen, den Lehrer stets unmittelbar nach einem Vorfall davon zu informieren und um Hilfe zu bitten – am besten in Begleitung eines Freundes oder Mitschülers.

4. Als Lehrer den speziellen Fall vor der Klasse verhandeln.
Warum?
Wenn der Lehrer im Gespräch mit der Klasse konkret Bezug auf das Opfer und den oder die Täter nimmt, führt er damit die Mobbing-Situation auf diese Personen zurück. Täter und Opfer, aber auch die anderen Mitschüler werden in ihrem Glauben bestärkt, dass das Opfer die Schuld an der Situation trägt. Häufig bestrafen die Täter das Opfer dann für seine Beschwerde. Außerdem wird das Opfer vor der Klasse bloßgestellt und der Täter erfährt gleichzeitig die gewünschte Aufmerksamkeit.

Was ist stattdessen zu tun?
Diskussionen über Mobbing sind generell sinnvoll, sofern keine Personen direkt angesprochen werden. Lehrer können eine soziale Stunde im Monat einführen, um allgemein über Mobbing und aggressives Verhalten diskutieren.

5. Als Lehrer nach kurzfristiger Besserung in einem Mobbing-Fall bald wieder lockerlassen.
Warum?
Wenn Lehrer mit ihren Maßnahmen Erfolg haben, dürfen sie diese nicht nach einer kurzfristigen Besserung einstellen, denn daraus lernen die Schüler, dass zwar Unannehmlichkeiten auftreten können, wenn sie jemandem übel mitspielen, dass diese aber nicht von Dauer sind. Das Opfer wird in der Konsequenz häufig massiver schikaniert, damit es sich nicht wieder beschwert. Inkonsequenz verstärkt also die Aggression.

Was ist stattdessen zu tun?
Regeln oder Maßnahmen gegen Mobbing sollten einfach, effektiv nachhaltig und nicht feindselig sein. Außerdem sollten alle Lehrer mitwirken – so kommt es nicht so leicht zu Inkonsequenz.

6. Als Lehrer Mobbing auf die Persönlichkeit des Opfers zurückführen.
Warum?
Für das Opfer bedeutet das eine klare Schuldzuweisung und die Übertragung der ganzen Verantwortung für das Geschehen – also auch die Verantwortung für die Beendigung desselben. Das Opfer wird also noch stärker in eine unlösbare Situation gedrängt als ohnehin. Daraus resultieren möglicherweise

verzweifelte Aktionen: weglaufen, Schule schwänzen, Erkrankung, Autoaggression, Suizid.

Was ist stattdessen zu tun?
Es sollten Maßnahmen ergriffen werden, anhand deren das Opfer und alle anderen Beteiligten ebenso erkennen können, dass das Verhalten der Täter und ihrer Unterstützer unangemessen ist und nicht geduldet wird.

7. Das Opfer aus der Klasse nehmen.
Warum?
Täter bedürfen erzieherischer Aufmerksamkeit. Verlässt das Opfer die Klasse, so würde aggressives Verhalten als Strategie belohnt werden. Es ist zu befürchten, dass die Täter sich ein neues Opfer suchen. Das Opfer lernt indes, dass es nicht beschützt werden kann und Weglaufen die einzige Lösung ist. Daraus kann ein Mensch so viel Unsicherheit entwickeln, dass er für den nächsten Täter in der nächsten günstigen Konstellation das perfekte Opfer darstellt.

Was ist stattdessen zu tun?
Die Auflösung von Mobbing sollte eine Modellfunktion für alle Schüler haben. Die Maßnahmen sollten daher mit und innerhalb der Klasse erfolgen. Nur so können die Schüler eine Sensibilität für Mobbing und soziale Fertigkeiten im Umgang mit dem Phänomen entwickeln.

Juristische Fragen: Was man tun kann

(Der Originaltext zu diesen rechtlichen Empfehlungen wurde von der Münchener Rechtsanwältin Beatrix Zurek recherchiert und zusammengestellt. Nachzulesen unter: http://www.psy.lmu.de/mobbing/mobbing/rechtliches_mobbing.html)

I. Handhabe und Rechte der Opfer

Bei ersten Anzeichen: Ein Kind, das von seinen Mitschülern schikaniert wird, sollte in jedem Fall möglichst schnell genau das, was passiert ist, den Eltern und dem Klassenlehrer bzw. der Schulleitung erzählen. Die Eltern sollten die Mitteilungen ihres Kindes schriftlich erfassen, damit sie später über Dokumentationsmaterial verfügen.

Wenn ein Kind sich bedroht fühlt, kann es sich gegen einen rechtswidrigen Angriff (beispielsweise Eingriffe in seine Eigentumsrechte oder körperliche Gewalt) durch Notwehr verteidigen. Wenn das Kind noch nicht 14 Jahre alt ist, kann es bei einem Überschreiten seines Notwehrrechts strafrechtlich noch nicht belangt werden. Ein älteres Kind ist dazu angehalten, auf die Verhältnismäßigkeit zu achten: Es darf nicht mit einem Messer zustoßen, wenn ihm der Apfel aus der Hand gerissen werden soll.

Bei Untätigkeit der Schule: Wenn das Mobbing anhält und die Lehrer nichts unternehmen, hilft es nur, die Eltern weiterhin so detailliert wie möglich auf dem Laufenden zu halten, sodass sie 1. weiterhin alle Vorkommnisse dokumentieren und 2. der Schule berichten, was ihr Kind erlebt. (Die Handhaben der Eltern lesen Sie unter III.)

Bei Untätigkeit der Eltern: Das ist die heikelste Situation, in die ein Kind geraten kann, einerseits. Denn die Eltern haben bei Mobbing auch nicht viel Einfluss. Aber sie können und sollten ihr Kind stärken und ihm wenigstens einen geschützten Raum bieten. Wenn die Eltern dies alles nicht tun, kann sich das Kind an den Klassenlehrer wenden oder einen Vertrauenslehrer oder eine andere Person seines Vertrauens, die sich dann wiederum an die Eltern wendet und sie auf die Verletzung des Personensorgerechts hinweist. Das Kind kann natürlich auch zum Jugendamt, zur Polizei, zu Psychologen, Rechtsanwälten oder Ärzten gehen oder sich auch an Internetadressen wie schueler-gegen-mobbing.de oder an die Schülervertretung wenden.

Seit dem 1. Juli 1998 kann dem Kind, das von seinen Eltern im Stich gelassen wird, gemäß § 50 FGG ein Verfahrenspfleger beigeordnet werden: ein «Anwalt des Kindes». Dafür reicht es aus, dass ein Interessengegensatz zwischen Eltern und Kind besteht. Der Anwalt wird dem Kind vom Gericht beigeordnet. Hiermit ist eine Lücke im Rechtsschutz des Kindes geschlossen worden, denn dieser Anwalt kann in schweren Fällen darauf hinwirken, dass den Eltern das Personensorgerecht entzogen wird.

II. Rechte und Pflichten der Mitschüler

Bei der Wahrnehmung von Mobbing: Die Mitschüler können sich an alle vorher genannten Stellen wenden, um dem Kind zu helfen. Sie müssen aber nichts unternehmen. Ausgenommen sind die Fälle, in denen ihnen in Unglücksfällen unterlassene Hilfeleistung strafrechtlich angelastet werden könnte. Dies geschieht nur selten, darüber hinaus betrifft es nur schuldfähige Kinder: ab 14 Jahren. Mitschüler dürfen dem Kind, das angegriffen wird, Nothilfe gewähren: Sie dürfen mit körperlicher Gewalt versuchen, dem Mobbing ein Ende zu machen. Sie müssen das alles jedoch nicht tun.

III. Handhabe, Rechte und Pflichten der Eltern

Ihre Handlungspflichten: Den Eltern obliegt die Personensorge für ihr Kind. Das Familiengericht ist, möglicherweise gemeinsam mit dem Jugendamt, dazu angehalten, die Eltern in bestimmten Fällen dabei zu unterstützen. Eltern müssen bei der Ausbildung ihres Kindes besonders auf dessen Eignung und Neigungen Rücksicht nehmen und sollten im Zweifelsfall den Rat der Lehrer oder anderer geeigneter Personen einholen. Die Jugendhilfe ist dazu da, das Recht des Kindes auf Erziehung zu fördern. Zu diesem Zweck berät und unterstützt sie Eltern und Erziehungsberechtigte dahingehend, die Kinder und Jugendlichen zu ihrem eigenen Wohl vor Gefahren zu schützen und so positive Lebensbedingungen für sie zu erhalten oder zu schaffen. Das Familiengericht greift dann ein, wenn das körperliche, geistige oder seelische Wohl des Kindes durch Vernachlässigung der elterlichen Sorge gefährdet ist.

Der Erziehungsauftrag: Die Erziehung eines Kindes obliegt den Eltern und der Schule gleichermaßen. Eltern und Schule wirken im Idealfall bei der Erziehung eines Kindes zusammen: durch Elternversammlungen, den Elternbeirat, die Klassenelternsprecher oder Elternpflegschaftssprecher. Elternabende sind dabei von besonderer Bedeutung, weil bei ihnen wichtige Vorgänge aus dem Schulleben erörtert werden.

Bei ersten Anzeichen: Eltern können nichts anderes tun, als sich zunächst an die Schule zu wenden. Dazu sind sie unbedingt aufgerufen, weil sie selbst auf den Schulalltag keinen unmittelbaren Einfluss nehmen können und auch nicht sollten. Außerdem spielen sich die Vorfälle vor allem dort ab: Tatort Schule. Eltern sollten versuchen, bei jedem einzelnen Mobbing-Fall aktiv zu werden, damit einer Verfestigung des Prozesses möglichst früh entgegengewirkt werden kann. Sie sollten die einzelnen Fälle möglichst detailliert schriftlich dokumentieren: mit Datum, Beschreibung des Vorfalles und den Namen der beteiligten Personen. Denn die Erfahrung zeigt, dass man in Angelegenheiten dieser Art nach einer Weile nicht mehr imstande ist, den Verlauf geordnet und genau darzustellen, dass das aber sehr häufig gefragt ist.

Bei Verschlimmerung: Je nach Schwere der Angriffe kommt eine Strafanzeige gegen ein strafmündiges Kind (ab 14 Jahre) sowie Schadensersatz in Frage. In zivilrechtlicher Hinsicht ist ein Kind ab dem 7. bis zur Vollendung des 18. Lebensjahres in gewissen Grenzen für einen von ihm verursachten Schaden verantwortlich, wenn es eine Einsicht in die Verantwortlichkeit seines Tuns haben konnte.

Die Schule muss grundsätzlich sofort einschreiten, denn nur die schnell und im unmittelbaren zeitlichen Zusammenhang mit den Attacken getroffenen Maßnahmen sind geeignet, allen Verfestigungen des Mobbings entgegenzuwirken. Wenn ein Gespräch mit dem Lehrer keinen Erfolg hat, müssen sich die Eltern an die Schulleitung wenden, und wenn sie auch dort erfolglos vorsprechen, weil die Schulleitung sich bemüht, die Sache zu bagatellisieren, den Lehrer zu decken oder Ähnliches, ist die Schulaufsichtsbehörde bzw. das Schulamt zuständig. Es ist das Recht und die Pflicht der Eltern, diesen Weg zu gehen, wenn es nötig ist. Es muss kein Dienstweg eingehalten werden – Eltern können sich unmittelbar an die Behörde wenden. Um die Situation aber so entspannt wie möglich zu halten, ist es ratsam, die Schulleitung von den beabsichtigten Schritten zu informieren und den eigenen Standpunkt sachlich zu begründen.

Bei weiterer Untätigkeit der Schule und der zuständigen Behörden: Es bleibt den Eltern, abgesehen davon, dass sie natürlich an die Öffentlichkeit gehen können (es liegt in ihrem Ermessen, wie sehr oder ob sie ihrem Kind damit schaden oder helfen), das Petitionsrecht, ein den Eltern zustehendes öffentliches Recht: sie können eine Eingabe an den Landtag machen. Solche Beschwerden können, wenn sie gut und hinreichend begründet sind, sehr wirksam sein, weil die bei den Parlamenten gebildeten Ausschüsse für Eingaben und Beschwerden in solchen Fällen schriftliche Berichte der Schulleitung oder des Ministeriums anfordern. Das Petitionsrecht hat aber einen streng formellen Charakter: Der Ausschuss muss sich auf die sachliche Prüfung der Angelegenheit und die Erteilung eines schriftlichen Bescheides «zur Berücksichtigung» an die Schule oder das Schulamt beschränken. Er ist also nicht befugt, etwas zu verfügen.

Einen Schritt weiter gehen Eltern mit einer Klage beim Verwaltungsgericht oder indem sie der Schule oder dem Schulamt eine Strafanzeige in Aussicht stellen, etwa bei unterlassener Hilfeleistung oder gar Mittäterschaft. Auch möglich ist eine Amtshaftungsanklage wegen des Ersatzes für Kosten, die entstehen, weil das Kind von der Schule genommen und privat unterrichtet werden muss. In solchen Fällen allerdings wäre der Beistand eines Rechtsanwalts nötig.

IV: Handhabe, Rechte und Pflichten der Lehrer

Der Erziehungsauftrag: Der staatliche Erziehungsauftrag verpflichtet Lehrer und Schulbehörden, die ihnen anvertrauten Schüler zu schützen und vor Schäden zu bewahren. Das ist vor allem durch die Aufsicht über die Schüler gewährleistet, die zwar nicht lückenlos sein kann, aber eine wichtige Aufgabe darstellt. Falls einem Lehrer Fehler unterlaufen, ist er allerdings durch die gesetzliche Schülerunfallversicherung und die für ihn eingeschränkte Amtshaftung weitgehend vor Schadensersatzansprüchen geschützt. Er kann also nur bei Vorsatz oder grober Fahrlässigkeit belangt werden. In solchen Fällen ist zu beachten, dass der Lehrer den Schülern gegenüber ein sogenannte Garantenstellung einnimmt: Er ist in Unglücksfällen zur Hilfeleistung verpflichtet, darf also einen verletzten Schüler nicht liegen lassen oder Ähnliches. Im Gegenteil ist er verpflichtet, einem angegriffenen Schüler auf der Grundlage des strafrechtlichen Notwehrrechts Nothilfe zu leisten. Es ist also nicht rechtswidrig, unter Umständen sogar durch Ausübung körperlicher Gewalt dazwischenzugehen.

Bei ersten Anzeichen: Sobald ein Lehrer also über einen Vorfall wie Körperverletzung, Raub, konsequentes Hänseln etc. informiert wird, sollte er nicht wegschauen oder versuchen zu beschwichtigen, sondern handeln. Grundsätzlich sollte auch der Lehrer eine schriftliche Dokumentation jedes einzelnen Ereignisses vornehmen, wie es auch den Eltern empfohlen wurde. Wenn er das Gefühl hat, diese Situation nicht abschließend allein regeln zu können, sollte er die Vorfälle der Schulleitung mitteilen und in Zusammenarbeit mit ihr die Grundlage für weitere Maßnahmen bestimmen. Die Schulleitung sollte allerdings so umfassend informiert werden, dass der Lehrer auch seine Beobachtungen und Bedenken mitteilt, beispielsweise über die Glaubwürdigkeit der Darstellung von Schülern und Eltern.

Die Verantwortung der Schulleitung: Die Schulleitung hat für den geordneten Schulbetrieb zu sorgen und trifft geeignete Anordnungen, nach denen sich der Lehrer zu richten hat. Es handelt sich hierbei vor allem um die Durchsetzung der Schul- und Hausordnung im Schulalltag: die Ausübung des Hausrechts. Im System der Verantwortlichkeiten ist also die Unterrichtung der Schulleitung die wichtigste Maßnahme des Lehrers, sobald er erste Anzeichen für Mobbing entdeckt hat. Der Fall wird dann Thema in der Lehrerkonferenz, die in den Angelegenheiten des Unterrichts und der Erziehung berät, wie vorgegangen wird. So kann die Schule als Ganzes durch ein gleichgerichtetes und aufeinander abgestimmtes Handeln Schülern und Eltern gegenüber auftreten.

Information der Elternvertreter: Eine weitere Maßnahme von Lehrern und Schulleitungen ist es, die Elternvertreter einzubeziehen, denn zu ihren Aufgaben gehören die Gewährleistung der elterlichen Rechte und die Wahrung der Interessen der Kinder in der Schule und im Verhältnis zur Schule. Im Idealfall unterstützen sich Eltern, Schulleitung und Lehrerschaft, denn das stärkt ihre Position gerade in solchen Fällen wie Mobbing.

Bei Untätigkeit der Schulleitung:

1. Der Lehrer muss zunächst prüfen, ob und unter welchen Gesichtspunkten die verweigerte Unterstützung der Schulleitung gerechtfertigt sein könnte. Falls er zu dem Schluss kommt, dass sie unberechtigt ist, muss der Lehrer die Angelegenheit mit der Schulleitung besprechen, und zwar streng sachlich und unter Zurückstellung aller persönlichen Bewertungen. Es empfiehlt sich natürlich, vorher alle anderen mit der Sache konfrontierten Lehrer, unbedingt den Klassenlehrer und die Schülervertretung einzubeziehen, denn die Schulleitung trägt ja nicht nur die Verantwortung für den Unterricht und die Erziehung, ihr obliegt auch die Fürsorge für die Schüler.

2. Der nächste Schritt wäre, die Angelegenheit vor die Schulkonferenz oder das Schulforum zu bringen: ein zusätzliches Organ, das Vertreter der Lehrer, der Schüler und der Eltern vereint – im Interesse der Schule und ihrer Unterrichts- und Erziehungsarbeiten. Die Schulkonferenz tritt in erster Linie zur Regelung besonderer Angelegenheiten und tief greifender Konfliktsituationen zusammen.

3. Es könnte in einer solchen Angelegenheit auch erfolgreich sein, die Eltern von der Blockade seitens der Schulleitung zu informieren. Eine solche Vorgehensweise sollte, bei behutsamem Vorgehen und objektiv betrachtet, nicht so gedeutet werden, als wolle der Lehrer der Schulleitung in den Rücken fallen. Eltern haben nämlich wesentlich größere Spielräume als Lehrer, die an den Dienstweg und die Weisun-

gen ihrer Vorgesetzten gebunden sind. Eltern können auf anderen Ebenen intervenieren, beispielweise durch die Presse oder unmittelbare Beschwerden bei der Schulaufsicht.

4. Ein nächster, nicht ganz einfacher Schritt wäre die Information der Dienstaufsicht. Die Dienstaufsicht (Schulaufsicht) schließt die Aufsicht über die Organe der Schule und die Mitglieder dieser Organe, insbesondere die Schulleitung, ein. Es wäre immer empfehlenswert, zunächst ein weiteres Gespräch mit der Schulleitung zu suchen – und damit den Dienstweg einzuhalten. Es liegt in der Natur der Sache, dass ein solches Vorgehen immer heikel ist, weil es das Verhältnis des Lehrers zur Schulleitung belasten könnte. Ist ein Lehrer jedoch überzeugt davon, dass ein solches Einschreiten geboten ist, muss er sich der Problematik stellen. Er sollte sich auf eine streng sachliche Darstellung des Geschehens beschränken, aber deutlich machen, dass die Haltung der Schulleitung schwerwiegende Folgen haben könnte.

Der Lehrer als Beamter hat nach dem Beamtenrecht die Möglichkeit formloser Rechtsbehelfe (Anträge und Beschwerden), die er unmittelbar an die Schulleitung zu richten hat. Solche Rechtsbehelfe sind in erster Linie für Konflikte zwischen dem Lehrer und seinem Dienstherrn gedacht (Rechtsschutz im Beamtenverhältnis). Eine in den Augen eines Lehrers ungerechtfertigte Verweigerungshaltung der Schulleitung berührt das Beamtenverhältnis in dem Sinne, dass der Lehrer bei der Erfüllung seiner Pflichten durch das Fehlverhalten der Schule beeinträchtigt wird. Der Lehrer, der gegen ein Fehlverhalten der Schulleitung nichts unternimmt, kann unter Umständen selbst zur Verantwortung gezogen werden, insbesondere dann, wenn dieses Fehlverhalten schwerwiegende Konsequenzen hat wie Körperverletzung oder den Tod eines Schülers.

5. Ohne den Dienstweg einhalten zu müssen, kann sich

ein Lehrer unmittelbar an den Personalrat wenden. Dieser soll eine angemessene Mitwirkung der Angehörigen des öffentlichen Dienstes bei der Gestaltung des Schulwesens gewährleisten, und zwar auch bei der «Gestaltung des inneren Dienstbetriebs».

Wenn Eltern die Maßnahmen der Schule behindern: Die Schule, die der berechtigten Auffassung ist, dass die Eltern Widerstand gegen die von ihr angeordneten Maßnahmen leisten, wird versuchen, auf die Eltern einzuwirken. Die Sache muss dann Gegenstand der Lehrerkonferenz und gegebenenfalls der Schulkonferenz sein. Die Schulleitung kann auch den Rat der Schulaufsicht erbitten. Jedenfalls muss die Schulleitung mit den Elternvertretern und auch mit der Schülervertretung über die Problematik sprechen, denn alle diese Foren sind gemeinsam dazu berufen, das Schulleben mitzugestalten. Wenn das Verhalten der Eltern auf eine Verletzung ihrer Pflichten gegenüber einem minderjährigen Schüler hinausläuft, muss die Schulleitung das Jugendamt verständigen.

Bei strafbaren Handlungen von Schülern: Zunächst muss berücksichtigt werden, dass Kinder unter 14 Jahren schuldunfähig sind, also nach dem Strafrecht nicht belangt werden können. Aber auch dann, wenn das Kind schuldfähig ist, wird eine Strafanzeige bei der Polizei oder der Staatsanwaltschaft nur in den seltenen Fällen geboten sein, in denen eine Strafverfolgung das einzige wirksame Mittel darstellt, die Gefährdung anderer Jugendlicher zu verhindern. Zu diesen Fällen gehören Körperverletzungen und natürlich der gewaltsame Tod eines Schülers. Eine Strafanzeige stellt grundsätzlich nicht der Lehrer, sondern die Schulleitung, die sich zuvor mit der Schulaufsicht in Verbindung setzen sollte.

Wenn das Opfer den Schulbesuch verweigert: Grundsätzlich besteht eine Schulpflicht. Bei Krankheiten oder aus anderen zwingenden Gründen kann ein Kind zeitweise beurlaubt werden. Wenn die Eltern sich weigern, ihr schulpflichtiges Kind in die Schule zu schicken, liegt darin ein Missbrauch ihres Sorgerechts. Das Familiengericht hätte einzugreifen, und den Eltern könnte das Personensorgerecht ganz oder teilweise entzogen werden.

Wenn allerdings ein stabilisierter Mobbingfall mit nachgewiesenen oder ernsthaft drohenden Schäden vorliegt, entfällt für die Zeit bis zum Ergreifen wirksamer Maßnahmen die Schulpflicht. Lehrer und Schulleitung haben deshalb sofort oder so schnell wie möglich einzugreifen, nur so kann Schlimmeres vermieden werden und können Lerndefizite so gering wie möglich gehalten werden. Maßnahmen wären: Ordnungsmaßnahmen gegen die mobbenden Schüler, schriftliche Verweise, die Versetzung des/der mobbenden Schüler(s) in eine Parallelklasse oder sein/ihr zeitweiliger Ausschluss vom Unterricht. Unter Umständen kommt eine Versetzung des Opfers mit dessen Einverständnis und dem Einverständnis seiner Eltern in Frage, wenn das unter allen denkbaren Maßnahmen die beste ist. Allerdings wird dies von mobbenden Schülern als Erfolg angesehen, wenn die in der Klasse verbleibenden Täter nicht mindestens mit angemessenen Ordnungsmaßnahmen konfrontiert werden.

Wiederholtes und verstecktes Mobbing – unter dem Gesichtspunkt der Aufsichtspflicht: Eine erste und naheliegende Maßnahme ist immer eine Verstärkung der Aufsicht, wobei auch eine noch so strenge Aufsicht nicht lückenlos sein kann. Ein Lehrer kann aber auf dem Schulhof seine Aufmerksamkeit besonders auf Plätze richten, an denen sich Mobbing am ehesten verwirklichen oder ausüben lässt. Auf keinen Fall darf bei den Schülern der Eindruck entstehen, es gebe auf dem Schulhof für sie Freiräume, in denen sie tun und lassen können, was sie wollen.

Im Klassenzimmer ist die Anwesenheit des Lehrers grundsätzlich erforderlich. Ausnahmen gelten für plötzliche Erkrankung oder eine andere Zwangslage. Nicht einmal dienstliche Erfordernisse anderer Art, also auch keine Besprechung mit der Schulleitung oder Ähnliches, dürfen einen Lehrer dazu bringen, das Klassenzimmer zu verlassen – es sei denn, er weiß, dass es die Gesamtsituation erlaubt, weil die Schüler älter sind oder besonders vertrauenswürdig oder er einen besonders vertrauenswürdigen und zugleich durchsetzungsfähigen Schüler beauftragt hat. Es ist zulässig, während des Unterrichts störende Schüler aus der Klasse zu verweisen, wobei der Lehrer ermessen muss, ob so ein Schüler nicht unbeaufsichtigt größeres Unheil anrichten kann als in der Klasse.

Auch in den kleinen Pausen sollten die Schüler nicht das Gefühl bekommen, sie wären gänzlich sich selbst überlassen. Auf den Toiletten endet naturgemäß die Aufsicht. Wenn allerdings bereits Mobbingfälle auf den Toiletten vorgekommen sind, müssen Lehrer Wege finden, die Kinder im Auge zu haben.

Auf dem Schulweg müssen Schüler nicht beaufsichtigt werden. Im Schulbus liegt die Aufsichtspflicht beim Schulträger, wenn er zur Beförderung der Kinder verpflichtet ist. Es besteht allerdings eine Aufsichtspflicht auf den Unterrichtswegen: vom Schulgebäude zum Sportplatz, zum Schwimmbad und zurück.

Weiterführende Informationen: Links zu nationalen und internationalen Mobbingprojekten

1.

http://www.polizei.bayern.de/content/9/8/9/6/2/aufgschaut.pdf
http://www.polizei.bayern.de/muenchen/schuetzenvorbeugen/beratung/index.html/98962

Zammgrauft/Aufgschaut: Eine Möglichkeit der Gewaltprävention ist Zivilcourage
Die Münchner Polizei hat ein Training entwickelt, das sie als Multiplikatorenschulung laufend anbietet: erfolgreiches verhaltensbasiertes Training, das Aggression, seine Konsequenzen und Schutz vor Aggression im Spiel erfassbar macht und veranschaulicht.

2.

http://www.caper.com.au/

CAPER-Projekt: Child and Adolescent Psychological and Educational Resources
Ein seit Jahren in Australien durchgeführtes Interventionsprojekt des australischen Entwicklungspsychologen und Mobbingforschers Phillip Slee für Schulen (englisch). Auf der Website

finden sich auch Fragebögen und Verweise auf Texte zu allen möglichen Problemen, die die Entwicklung und Beziehungen von Kindern und Jugendlichen betreffen können.

3.

http://www.prevnet.ca/Bullying/FactsandMyths/tabid/121/language/en-US/Default.aspx

Canadian Initiative for the Prevention of Bullying (CIPB) – Debra Pepler
Das kanadische Projekt der Mobbingforscherin Debra Pepler setzt einen auf intensive Forschungstätigkeit begründeten Interventionsansatz in die Praxis um (englisch).

4.

http://old.gold.ac.uk/tmr/

TMR Network Project – Peter Smith
Peter Smith ist einer der führenden Mobbingforscher. Das TMR Network Project bietet einen guten Überblick über die Breite der Mobbingforschung in England und den europäischen Kooperationsprojekten (englisch).

5.

http://www.ncab.org.au/ –> SEARCH –> KiVa
(bei der Suchfunktion KiVa eingeben, auf den Link gehen)

KiVa – Christina Salmivalli
Auf der Website stellt die finnische Psychologin Christina Salmivalli Forschungsaktivitäten zu Mobbing als Gruppenprozess vor sowie ein Interventionsprojekt, KiVa, das erst letztes

Jahr den Preis für das beste Verbrechensbekämpfungsprogramm in Europa (European Crime Prevention Competition) gewonnen hat (englisch).

6.

http://www.mobbingforschung.de

Website der Fakultät für Psychologie und Pädagogik der LMU München, an der Mechthild Schäfer u. a. zu Mobbing lehrt und forscht. Mit wissenschaftlichen Veröffentlichungen zur Problematik, aber auch Tipps zu Sofortmaßnahmen für Eltern, Lehrer und Kinder.

7.

http://www.mindmatters-schule.de

Mindmatters ist ein ursprünglich aus Australien stammendes Programm, das auf dem Konzept der guten Schule basiert. Es thematisiert Aspekte wie den Aufbau und Erhalt von Freundschaften, den Umgang mit Stress, Mobbing, Trauer sowie anderen psychischen Beeinträchtigungen und Störungen.

8.

http://www.seitenstark.de/

Seitenstark ist ein Netzwerk von Menschen, Vereinen, Firmen und Organisationen, die Kinderseiten im Internet anbieten. Die Aktion «Mobbing – Schluss damit!» wendet sich vor allem an Kinder. Interessant ist im Bereich für Kinder die Liste mit Kinder- und Jugendliteratur zum Thema.